教養のプログラミング JavaScript の基本

英語学習ツールとグラフィックス

齊藤正高　著

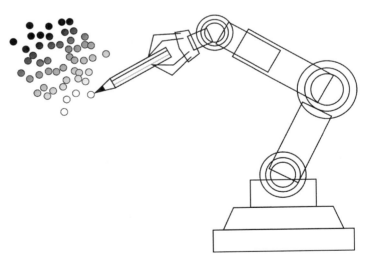

学術図書出版社

目　次

は じ め に

　現在、コンピュータは生活に浸透して欠かせない道具になっています。しかし、コンピュータを操る技術であるプログラミングはまだ〝特別なスキル〟という感じがするのではないでしょうか。

　本書の目的はプログラミングを〝教養〟として身につけていただく助けになることです。読者がプログラミングに興味を持ち、身の回りの問題にプログラミングでアプローチをする基礎を身につけていただけたら目的は達成です。

　いわゆる〝教養〟には技芸の側面があります。現代社会の問題に取り組むには様々な背景をもつ人々の技芸が必要となるでしょう。プログラミングも現代の教養（Liberal Arts）の一つと言えます。外国語や調理と同じで、プログラミングもプロフェッショナルになるにはトレーニングを続ける必要があります。また、ソフトウェア産業でチームとしてプログラミングをするには管理の視点も重要です。しかし、プロフェッショナルとして活躍するにも教養としてのプログラミングの基礎は欠かすことができません。

　本書で取りあげた JavaScript はふだん使っているコンピュータで誰もが試すことができます。この点で〝教養〟にふさわしいプログラミング言語と言えるでしょう。本書に掲載したプログラムをいくつか組んでみて、その面白さを知っていただけたらと思います。

　まずはプログラミングを始めてみましょう。

＊＊＊

　本書は基本的に3部構成です。

パートⅠ　準備：プログラミングの概要、使用するツールなどを理解し、文書(HTML)の作り方と書式の指定(CSS) を学びます。

パートⅡ　基礎： JavaScript を使い、プログラミングの中でよく使う処理を中心に学びます。

パートⅢ　実践：英語学習ツールの制作、グラフィックス、問題解決のプログラミングを学びます。

二〇二一年　夏

パート1　準備

1.　コンピュータ

　コンピュータはデータを入力し、処理をして、出力する装置です。

1.1　入力から出力まで

　1）入力は処理がしやすい形式が必要です。想定していない入力があった場合は再入力をうながすなど、次の段階で処理が必要になることもあります。入力データを整理することでその後の処理がスムーズに進むことがあります。

　2）処理はいくつかの手続に分かれます。手続の順番等により、後の手続が複雑にもなれば、簡単にもなることがあります。

　3）出力は人間が理解しやすいように整える必要があります。どのように出力をしたら人間が理解しやすいか、出力後の情報処理をしやすいかという点を考える必要があります。

2.　プログラミング

2.1　関心

　プログラミングとは〝関心〟（concerns）にあわせてコンピュータの機能やデータを組織することです。関心はコンピュータが作ってはくれないので、人間が設定しなければなりません。

　プログラミングにおける関心はまず〝（面倒だから・便利だから・楽しそうだから）コンピュータにやらせたいこと〟として意識されます。次に入力と出力を考える形でやや具体的になります。その後、入力と出力の間をつなぐ処理を考えます。

　コンピュータにやらせたいことを大きく抽象的な状態から小さく独立した部分に分けてクリアに考えていくことを「関心の分離」（separation of concerns, Edgar Dijkstra 1974）といいます。

　関心を分離する時は一つ一つのはっきりした手続に集中しますが、後で手続をつなげることになるので全体から見た視点も欠かせません。

　つまり、関心に応じて全体と部分を往復して考えていくことがプログラミングにおける基本的な頭脳の使い方です。

2.2　プログラミング言語

　プログラミングの結果できあがったものをプログラムといいます。プログラムは人間がコンピュータに与える〝命令書〟で、通常、処理がスタートからゴールに向かって書かれています。

　プログラムはプログラミング言語で書きます。現在、プログラミング言語は300種あまり存在し、この中で比較的用途の広い言語を〝汎用言語〟といいます。また、人間に理解しやすい構文をもっているプログラミング言語を〝高水準言語〟といいます。

C（C++・C#）や Java などのプログラミング言語は〝高水準汎用言語〟です。つまり、人間に理解しやすい構文をもった用途の広いプログラミング言語です。

プログラムはコンピュータの動作（マシン語）に翻訳されて実行されます。プログラムを一括で翻訳する言語を〝コンパイラ言語〟、先頭から逐次翻訳していく言語を〝インタープリタ言語〟といいます。インタープリタ言語は切りのいいところでプログラムを動かしてみることができます。

本書で学ぶ JavaScript はインタープリタ言語に分類できます。また JavaScript は〝スクリプト言語〟とも呼ばれます。スクリプト言語には明確な定義はないようですが、おおむね簡単な構文をもつプログラミング言語のことです。PHP や Python 等もスクリプト言語といわれます。

このようにプログラミング言語はさまざまに分類できますが、どのプログラミング言語もコンピュータを人間の〝関心〟にあうように動作させる点では共通しており、構文や記号のちがいはあっても、共通した考え方は多くあります。

2.3　構造

プログラムの構造として、まず、順接・選択・反復の 3 つが挙げられます。これは構造化プログラミング(structured programming)にみられる考え方で、現代では児童向けのプログラミング教材でも取り上げられています（参考文献：石原奈々子，2019）。

2.3.1　順接　sequence

順接とは順番に処理を実行することです。たとえば、税込み価格からキャンセル料（%）を差し引いて返金額をもとめる場合、①税抜き価格を計算し、②キャンセル料金を算出し、③税込み価格からキャンセル料を引きます。このような順序の考え方はプログラミングでも重要です。

プログラミング言語では通常、横書きで上または左に書いた命令から順番に実行します。

2.3.2　選択　selection

選択とは条件によって実行する処理を選ぶことです。つまり、実行する処理と実行しない処理を分離するということです。ウェブページでも同意のチェックなどの条件があり、次の処理に進むか、エラーを表示するかを選択する処理はよくみられます。

2.3.3　反復　itaration

反復は一定の手続をくり返すことです。どのような反復にしろ、永遠にくり返すことはできないので、通常反復には終了条件があります。反復はループ(loop)とも言い、反復処理を終えることを「ループを抜ける」と言います。

コンピュータは反復処理に優れ、一般的なパソコンでも高速に計算ができます（1 秒に 1 億回程度）。うまく反復を使えば手作業ではできないような処理が実行できます。

2.3.4　入れ子構造　nesting

以上にみた 3 構造が互いに内部に入りこんでいることも珍しくありません。例えば、反復構造の中に反復構造が入っていることもあります。これを〝入れ子構造〟や〝ネスティング〟(nesting)と言います。順接・選択・反復はそれぞれ単純ですが、組合せで複雑な処理を実現できます。

2.4　関数とオブジェクト

このほかにプログラミングには以下の考え方があります。

2.4.1　関数　function

関数とはよく使う手続きをまとめ、名前をつけて呼びだせるようにしたものです。

例えば、指定した桁で数値を四捨五入する一連の手続を書いたとします。これを数値の表示部分にすべて書いていたら同じ処理があちこちに存在して煩雑になります。これを避けるには四捨五入機能に名前をつけて呼び出せるようにすればいいのです。

関数には引数（ひきすう：argument）というデータを与えることができます。関数で処理をした結果は返値（かえりち：return value）で呼び出し元に返すこともできます。

2.4.2　オブジェクト　object

オブジェクトとはプログラミング上で扱う〝対象〟です。通常、オブジェクトはプロパティ（property：属性）とメソッド（method：処理）をもちます。

オブジェクトの〝設計書〟をクラス（class）といい、クラスにもとづいて作られたオブジェクトをインスタンス（instance）といいます。うまく作られたオブジェクトはプログラムを理解しやすいものにしてくれます。オブジェクトを軸にプログラミングをすることをオブジェクト指向プログラミング(OOP:Object-Oriented Programming）といいます。

3.　JavaScript

3.1　歴史

1995 年、ネットスケープ・コミュニケーション社のブレンダン・アイク氏（Brendan Eich 1961-）が JavaScript を作りました。1997 年からジュネーブに本部のある Ecma International（European Computer Manufacturers Association が前身）が JavaScript を規格化しています。Ecma が規格化した JavaScript は Ecma 2015 のように改訂年度でよばれます。

3.2　概要

JavaScript は基本的にウェブブラウザで動くプログラミング言語です。ブラウザは現在、ほとんどの OS に付属しています。したがって JavaScript で作成したプログラムもほとんどのパソコンで動きます。

ブラウザ画面などの目に見える部分をフロントエンドといい、サーバー上のデータベース操作など目に見えない部分をバックエンドといいます。JavaScript は基本的にフロントエンドで動くプログラミング言語ともいえます。

3.3　用途のひろがり

このように見ると、JavaScript はウェブブラウザという限られた環境で動くプログラミング言語のようにみえます。

しかし、近年 JavaScript の使用範囲は拡大しています。たとえば、開発環境（Monaca 等）を使えばスマホ・アプリを作ることができ、特定のツール（Electron 等）を使えばデスクトップ・アプリも作れます。サーバー上で動作する JavaScript である Node.js（2009 年）もあり、これを使ったプログラミング学習サイトもあります（paiza など）。また、JQuery(2006 年−)や React（2013 年−）などのライブラリやプラットフォームでメニューの制作などが軽便になっています。

4.　使用ツール

JavaScript でプログラミングをするには ①テキストエディタ と ②ウェブブラウザの 2 つのソフトウェアを使います。

4.1　テキストエディタ

テキストエディタは文字データのみで構成されたファイル（テキストファイル）を作るソフトウェアです。ワードプロセッサは様々な情報を文字データに付加するので、プログラミングでは使いません。

テキストエディタは通常、OS（Operating System）に付属しています。

したがって、メモ帳（Windows）や、テキストパッド（iOS）等でも JavaScript のプログラミングはできます。しかし、プログラミングを支援する機能がついているテキストエディタもあり、ネット検索で簡単に見つけることができます。これらは入力補完機能、行番号表示、色分け機能などで誤っている部分（エラー）を見つけやすく便利です。代表的なものは以下に挙げておきます。

　1）シンプルなテキストエディタ：秀丸　Notepad ++等（Windows）　mi エディタ等(iOS)
　2）高度なテキストエディタや開発環境：Atom　Visual Studio Code など

4.2　ウェブブラウザ

ウェブブラウザは基本的に HTML（後述）・CSS（後述）・JavaScript 等を解釈して文書を表示するソフトウェアです。プログラミングでは OS に付属しているものを使ってください。本書では以下のブラウザを想定しています。ブラウザによって多少の表示のちがいはあります。

　・Google Chrome　　　　・Safari　　　　　・Microsoft Edge

4.3　スマホ・アプリ

スマホのアプリでも JavaScript を試すこともできます。以下は代表的なアプリです。

　・JavaScript Anywhere（iPhone）　　　・Easy HTML（Android）

5. ソースコードとブラウザ

　ソースコード（source code）とはプログラミング言語で書かれたテキストデータです。コーディング（coding）とはソースコードを書くことです。

　JavaScript によるコーディングはテキストエディタで書いたソースコードを保存し、同じファイルをブラウザで開いて表示や動作を確認してすすめます。つまり、1 つのファイルを 2 つのソフトウェア（エディタとブラウザ）で開いてコーディングを行います。

　プログラムを変更する場合はテキストエディタで〝上書き保存〟し、ブラウザで表示を〝更新〟して動作を確認します。

　テキストエディタで JavaScript のソースコードを保存する時にはファイル名の後ろに.html や.js という拡張子をつけます。文字エンコーディングは UTF-8（ユニコードの伝送形態）を選択します。ユニコードとは多言語を取り扱うことができる文字コードです。

ブラウザの更新ボタンの例　丸い矢印で表されています。

←　→　C　（ G 　　　　　　　　Google Chrome の場合

> よくあるミス：ブラウザの画面が変化しない
>
> 　テキストエディタとブラウザで異なるファイルを開いていると、エディタで上書き・ブラウザで更新をしても画面が変化しません。「同じファイルを開いているか」という点をよくチェックしましょう。とくにファイル名を変更した場合は注意が必要です。

6. HTML の基礎

　HTML（Hyper Text Markup Language 1993-）は基本的にウェブページを作る言語です。

　W3C（World Wide Web Consortium）によって勧告され、現在では HTML 5.0（2014 年勧告）が主流です。HTML で書かれたファイルはブラウザで開けば動作します。

　プログラムの入出力を担当する部分のことをユーザ・インターフェイス（UI : User Interface）といいます。HTML はこのユーザ・インターフェイスを作る言語とも言えます。

　JavaScript は一般に HTML のユーザ・インターフェイスを通して処理をします。したがって、JavaScript のプログラミングには HTML の基礎を理解しておく必要があります。

　HTML は不等号（＜＞）で囲まれた〝タグ〟で内容をマークアップして構造をつくります。メッセージの内容以外は半角で入力します。タグの基本的な書き方は以下です。

　　　＜開始タグ＞ 内容 ＜/終了タグ＞

以下、主な HTML タグを挙げ、機能を概観しておきます。

6.1　宣言

`<!DOCTYPE html>`	HTML5 の宣言。
`<meta charset="UTF-8">`	`<head>`の下に書き、文字エンコーディングを指定。文字化けはここかファイル保存の文字コードに注意してください。メタタグには他にも様々な要素を書けます。

6.2　構造

`<html>` 〜 `</html>`	HTML 文書の開始と終了。
`<head>` 〜 `</head>`	ヘッド、本文の前の要素の開始と終了。
`<title>` 〜 `</title>`	`<head>`内部に書き、HTML 文書のタイトルを書く。
`<body>` 〜 `</body>`	本文（ブラウザで情報を見る部分）の開始と終了。
`<h1>` 〜 `</h1>`	見出し（h2, h3...h6 の順に小見出し）ブロック要素。
`<p>` 〜 `</p>`	段落の開始と終了、上下に空行あり。ブロック要素。
`<div>` 〜 `</div>`	区間の開始と終了　上下に空行なし。ブロック要素。
`<span>` 〜 `</span>`	文の一部をマークアップ。インライン要素。
`<font>` 〜 `</font>`	文字をマークアップ。インライン要素。
` `	任意位置の改行。

　ブロック要素：改行して固まりをつくる。　　インライン要素：行の内部でマークアップします。

6.3　文字修飾

`<strong>` 〜 `</strong>`	太字。
`<em>` 〜 `</em>`	斜体。
`<sub>` 〜 `</sub>`	下付き文字　　　H_2O　　〝2〟の部分が下付き文字。
`<sup>` 〜 `</sup>`	上付き文字　　　$y=x^2$　　〝2〟の部分が上付き文字。

6.4　表

`<table>` 〜 `</table>`	表の範囲を作る。
`<tr>` 〜 `</tr>`	行（横のマス集合）を作る。`<table>`タグ内部に書く。
`<td>` 〜 `</td>`	データのセル（マス）を作る。`<tr>`タグ内部に書く。
`<th>` 〜 `</th>`	見出しのセルを作る。文字は太字・中央ぞろえ。`<tr>`タグ内部に書く。

6.5　リスト 箇条書き

`<ul> ～ </ul>`	番号なしリストの範囲を作る。
`<ol> ～ </ol>`	番号つきリストの範囲を作る。
`<li> ～ </li>`	箇条書き部分。`<ul>`や`<ol>`の内部に書く。

6.6　画像

`<img src="パス">`	HTML に画像ファイルを指定する。

6.7　キャンバス

`<canvas> ～ </canvas>`	グラフィックを描く場所を指定する。

6.8　リンク

`<a href="パス"> ～</a>`	リンクを指定する。

よくあるミス：パスが異なる

　パス(path)とはファイルまでの通路を示す文字列です。/でフォルダを指定し、最後はファイル名と拡張子です。パス指定を誤るとリンク先や画像が表示されません。

https://www.google.co.jp/	外部のサイトの位置(URL)を指定。//はネット領域。
img001.png	同じフォルダの画像ファイル(img001.png)を指定
img/image001.png	下位の img フォルダの image001.png を指定
../img/image001.png	上位フォルダ(../)の下位 img フォルダの画像を指定

6.9　入力フォーム

`<button> ～ </button>`	ボタン。クリックできる。
`<textarea> ～ </textarea>`	テキストエリア（複数行）。文字を入力できる。
`<select> ～ </select>`	セレクトボックスの範囲。選択肢を選べる。
`<option> ～ </option>`	選択肢を作る。`<select>`内部に間に書く。
`<input type="button" ～ >`	ボタン。クリックできる。
`<input type="text" ～ >`	テキストボックス（一行）。文字を入力できます。
`<input type="radio" ～ >`	択一要素。name 属性でグループ化。
`<input type="checkbox" ～ >`	チェックボックス（複数選択可能）。
`<input type="hidden" ～ >`	隠し要素（非表示）。データを保存できます。

6.10　スタイル指定・プログラミングなど

`<style> ～ </style>`	CSS（書式）の範囲。内部は CSS の文法。
`<script> ～ </script>`	JavaScript 等の範囲。内部は JavaScript の文法。

6.11 HTML タグの属性

HTML のタグには様々な属性（プロパティ）をつけることができます。属性は開始タグ名の後に半角スペースを入力して追加します。

<開始タグ 属性名="値"> 内容 </終了タグ>

例 <div id="result" class="msg">ここに結果を表示します</div>

主な HTML 属性

id="〜"	JavaScript 等でアクセスに使うユニーク（唯一）な名前。
class="〜"	CSS の書式指定に使用。複数のタグに指定できる。
value="〜"	値。入力初期値等を設定。
placeholder="〜"	入力すべきデータ形式を説明する場合に設定する。
src="〜"	画像などのファイルを指定。
alt="〜"	画像などの代わりとなる文字を指定。
href="〜"	リンク先の URL などを指定。
lang="ja"	html タグなどにつけ、使用言語を指定する。日本語は ja です。

6.12 イベント属性

イベント(event)とは基本的にユーザが行う操作のことです。イベント属性は要素が特定の状態になった時に動作する属性です。

例 <button onclick="keisan()">計算</button>

主なイベント属性

onclick="〜"	クリックしたときに動く JavaScript の関数を指定。
onload="〜"	HTML が読込まれた時に動く関数を指定。通常 body タグに指定。
onmouseover="〜"	マウス等のポインターが重なったときに動く関数を指定。
onkeypress="〜"	キーが押された時に動く関数を指定。

7. CSS の基礎

CSS（Cascade Style Sheet）は文字の大きさや色など、文書のスタイル（書式）を設定する言語です。現在では CSS3（W3C 2016-2018 勧告）が主流です。HTML や JavaScript とは別の言語なので注意が必要です。

7.1 CSS を書く場所

1) HTML ファイルに<style>タグを入力してその内部に CSS を記述します。 /*〜*/ は CSS のコメントで実行されません。

```
<!DOCTYPE html>
<html lang="ja">
<head>
<meta charset="utf-8"> <title>test</title>
<style>
 /* ここに CSS を書きます。 */
</style></head>
```

2) 別ファイルに CSS を書く場合：HTML の<link>タグに CSS ファイルを指定。

```
<head>
<link rel="stylesheet" href="パス/ファイル名">
</head>
```

　CSS ファイル ： CSS を直接書きます。<style>タグは書きません。拡張子は通常.css です。

```
body{color : black; background-color : white; }
```

7.2　CSS の基本的な書き方

　　　セレクタ{プロパティ：値 ;}

7.3　CSS のセレクタ

　CSS のセレクタには以下を使うことができます。

1) HTML のタグ名　　　body, p, button, input[type="text"]など（<>はなし）。
2) タグに付与した class 名　クラス名の前にドット（.）をつける。例 .msg
3) タグに付与した id 名　　id 名の前にシャープ(#)をつけます。例 #result

7.4　CSS の主なプロパティ

color	文字色。
background-color	背景色。
font-size	文字の大きさ。
font-family	フォントの種類。
margin	要素外部の余白。...-top, -bottom -left -right で個別指定。
padding	要素内部の余白。margin のように個別指定できます。
border	罫線。margin のように個別指定できます。
width	要素の幅。
height	要素の高さ。
text-align	行揃え。text-align : center;などで中央揃え

7.5　サイズの単位

CSS では文字・余白・画像などのサイズに以下の単位を使用します。

px	ピクセル	画面を構成する点の個数です。
pt	ポイント	活字の高さ。　1pt ≒ 72 分の 1 インチ。10pt は 3.52mm です。
em	エム	〜文字分のことです。2em とすれば 2 文字分のこと。
rem	レム	ルート要素の font-size で〜文字分です。
%		画面の幅・高さなどに対するパーセントです。
vw, vh		ビューポート（文書表示部分）の幅や高さの％です。

7.6　色彩

CSS では blue や white など一般的な英語名で色彩を指定することができます。また、数値によって詳細に指定もできます。この場合、数値はディスプレイ上の色彩を構成する光の三原色（赤 Red、緑 Green、青 Blue）の明るさを指定します。光の三原色の基本的混色は次です。

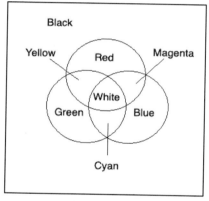

この基本的混色（加法混色）に三原色の明るさの要素が加わります。明るさは数値で指定し、10 進数では 0〜255、16 進数では 00〜FF を使います。16 進数は 1byte の情報を 2 桁で表現できるため、コンピュータを学んでいくと頻繁に出てくる数の表記法です。16 進数は 0〜9, A, B, C, D, E, F の 16 種の記号で 1 桁を表現します。

具体的には以下のように指定できます。

#FFA500　16 進数による指定は左から 2 桁ずつ赤・緑・青の明るさを指定します。
　　説明：赤 FF と緑 A5 の光が出ていて、青 00 の光はでていません。したがって、加法混色より黄ですが、赤 FF の方が緑 A5 より明るいので赤い黄色、つまりオレンジ色になります。

rgb (255, 175, 0)　10 進数による指定です。色は上と同じです。

主な色彩　16 進数表記と英語表記

#000000	black	#808080	gray	#FFFFFF	white
#FF0000	red	#FFC0CB	pink	#DC143C	crimson
#00FF00	green	#90EE90	lightgreen	#006400	darkgreen
#0000FF	blue	#ADD8E5	lightblue	#00008B	darkblue
#FFFF00	yellow	#FFFFE0	lightyellow	#FFA500	orange
#0000FF	cyan	#87CEFA	lightskyblue	#00CED1	darkturquoise
#FF00FF	magenta	#EE82EE	violet	#800080	purple

8. 自己紹介ページの制作

HTML と CSS の実習として自己紹介の HTML 文書をつくってみましょう。

8.1 完成イメージ

> **自己紹介**
>
> **名前** 鈴木 一郎（すずき・いちろう）
> **連絡** suzuki@abc.co.jp
>
> みなさん、こんにちは。わたしは○○県に住んでいる学生です。現在、観光学を学んでいます。飲食店でアルバイトをしていて、日々接客をしています。アルバイトをはじめて、自分が人と接することが好きだとということに気づきました。
>
> **資格** 実用英語検定2級
> **趣味** 読書。英語の本にチャレンジしています。

8.2 HTML ファイル

introduction.html 以下をテキストエディタに入力し、ファイル名は半角で introduction.html として保存し、文字エンコードは UTF-8 を指定します（行番号は入力しないで下さい）。

```
1    <!DOCTYPE html>
2    <html lang="ja">
3    <head><meta charset="UTF-8">
4    <title>制作：自己紹介</title>
5    <link rel="stylesheet" href="css/introduction.css">
6    </head>
7    <body>
```

```
8    <h1>自己紹介</h1>
9    <div class="item"><span class="ttl">名前</span>
10   鈴木 一郎（すずき・いちろう）</div>
11   <div class="item"><span class="ttl">連絡</span>
12   suzuki@abc.co.jp</div>
13   <p class="comment">
14   みなさん、こんにちは。わたしは○○県に住んでいる学生です。現在、観光学を学んでいま
15   す。飲食店でアルバイトをしていて、日々接客をしています。アルバイトをはじめて、自分
16   が人と接することが好きだということに気づきました。
17   </p>
18   <table>
19   <tr><th>資格</th><td>実用英語検定２級</td></tr>
20   <tr><th>趣味</th><td>読書。英語の本にチャレンジしています。</td></tr>
21   </table>
22   </body>
23   </html>
```

8.3 CSS ファイル

introduction.css　HTML ファイルの下位に css フォルダを作り保存します。

```
1    body{
2            background-color : #FFFFFF;
3            margin : 0px;
4            padding : 0px;
5    }
6    h1{
7            color : #FFFFFF; background-color : #000080;
8            font-family : serif;
9            font-size : 20pt;
10           padding-left : 2em;
11   }
12   table{
13           margin-left : 4em; width : 50%;
14           border: solid 1px #000080;
15           border-collapse : collapse;
16   }
17   th{
18           color : #FFFFFF;
19           background-color : #000080;
20           font-size : 12pt;
21   }
22   td{
23           color : #000000;
24           background-color: #FFFFFF;
```

```
25          font-size : 12pt;
26          padding-left : 2em;
27          border-bottom : dashed 1px #808080;
28  }
29  .ttl{
30          color : #FFFFFF;
31          background-color : #000080;
32          font-size : 14pt;
33          padding-top : 2px;
34          padding-bottom : 2px;
35          padding-left : 1em;
36          padding-right : 1em;
37  }
38  .item{
39          border-bottom : solid 1px #000080;
40          margin-left : 2em;
41  }
42  .comment{
43          font-size : 12pt;
44          margin-left : 3em;
45          margin-right : 3em;
46  }
47
```

8.4　CSS のスーパーロード

　ブラウザの更新（リロード）を行っても書式が変化しない場合は CSS のスーパーロードを行う必要があります。この動作はブラウザによって異なります。

　① Google Chrome の場合　　　Ctrl キー ＋ Shift キー ＋R キー、Shift キー ＋F5 キー
　② Safari の場合　　　　　　　Shift キーを押しながらブラウザの更新ボタンをクリックします。
　③ Microsoft Edge の場合　　　Ctrl キー ＋F5 キー、Ctrl キー ＋ 更新ボタン

8.5　スクリーン・ショット

　ディスプレイ上の表示画面を画像ファイルとして保存することをスクリーン・ショットと言います。この操作は OS やキーボードによって異なります。

　windows の場合、 windows キー ＋ ［PrtScr］キー

　　※ピクチャーフォルダのスクリーンショットフォルダーを参照してファイルを確認

　iOS（mac など）の場合、shift キー ＋command キー ＋3 キー

　　※保存画面が出るか、デスクトップに画像が保存されます。

パートⅡ　基礎

1. JavaScript の書き方

　1）半角文字で入力します。全角でもよい部分はクォーテーション（ " " か ' '）で囲んだ内部と、//で始まるコメント（後述）のみです。全角スペースはエラーの原因になります。

　2）文の最後にはセミコロン（ ; ）をつけます。

1.1　JavaScript を書く場所 (1)

HTML ファイルの内部に JavaScript を書く場合は<script>タグを使い、以下のようにします。

```
<!DOCTYPE html>
<html lang="ja">
<head>
<meta charset="UTF-8">
<title>test</title>
</head>
<body>
<script>
  //ここに JavaScript を書く。文の最後は;です。
</script>
</body></html>
```

1.2　JavaScript を書く場所 (2)

　JavaScript を HTML 文書と分割するには以下のようにします。

HTML ファイルに次のタグを書く。

```
<script src="フォルダ名/ファイル名.js">
</script>
```

JavaScript ファイル　通常 .js 拡張子をつけて保存します。

```
//ここから JavaScript の命令を書きます。<script>タグはいりません
alert("OK");
```

1.3　関数

　JavaScript は function（関数）ごとにプログラムを記述します。function の後には機能を表す名前をつけます。この名前を button タグの onclick 属性などに指定して呼び出すことができます。

```
<script>
トップレベル……どの function にも含まれない部分はファイル読み込みで実行される。
function name1(){
    name1()で呼ばれた場合に実行される部分です。
    引数（ひきすう：与えるデータ）がない場合は()と書きます。
    name2(引数1);……function name2 を実行。
}
function name2(引数1){
    name2 で呼ばれた場合に実行される部分です。
    引数（ひきすう）は呼び出し時に与えるデータです。
}
function name3(引数1, 引数2){
    name3 で実行される部分。引数が複数あればカンマで区切ります。
    function name4(引数) {
        function 内部にも function を書けますが、外部からは呼び出せません。
    }
}
最後には自動的にスタートする命令などを書きます。(window.onload = 関数名等)
</script>
```

1.4　strict モード

　<script>タグの下に'use strict';あるいは"use strict";と書くと、JavaScript を strict（厳格）モードで解釈します。strict モードは推奨されない書き方をエラーとして扱います。

2.　表示

　メッセージの表示には以下の方法があります。1）と2)はエラー（後述）を探す時等に使います。

　1) alert("メッセージ");

　2) console.log("メッセージ");

　3) document.getElementById("id名").innerHTML="メッセージ";

2.1 表示テスト

test001.html 以下をテキストエディタで入力して、ブラウザで開いて確認して下さい。

```
1   <!DOCTYPE html>
2   <html lang="ja">
3   <head>
4   <meta charset="UTF-8">
5   <title>メッセージ表示</title>
6   <link rel="stylesheet" href="css/default.css">
7   </head>
8   <body>
9   <button onclick = "test()">表示</button>
10  <p id = "msg">ここにメッセージ</p>
11  <script>
12  "use strict";
13  function test(){
14     alert("Hello world!");
15     console.log("Hello, world!");
16     document.getElementById("msg").innerHTML = "Hello world!";
17  }
18  </script></body></html>
```

default.css HTML ファイルが属するフォルダの下位に css フォルダを作り保存。

```
1   body{font-size : 14pt; color : black; background-color : white;}
2   button{font-size : 20pt; color : white; background-color : blue;}
```

※この CSS ファイルは以降のプログラムでも使います。

2.2 表示の確認

1) alert（アラート：警告表示）の実行結果：警告ウィンドウにメッセージを表示します。

```
Hello world!

                                                    閉じる
```

2) console（コンソール）の確認：ブラウザによってコンソールの確認方法は異なります。

① Google Chrome	メニュー「表示」→「開発/管理」→ JavaScript コンソール
② Safari	メニュー「Safari」→「環境設定」→詳細→「...開発タグを表示」をチェック。以降、「開発」メニューでコンソールを表示。
③ Microsoft Edge	メニュー「ツール」→「開発者」→ JavaScript コンソール

```
Hello world!                    test — test001.html:17
>
```

3) HTML 要素に代入する

```
document.getElementById("msg").innerHTML = "Hello World";
```

この文は HTML 文書（document オブジェクト）の msg という Id がついた要素を得て、その内部の HTML に"Hello World"を代入するという意味です。この仕組みを DOM（Document Object Model）と言います。ドット（.）は下位を意味します。

```
表示

Hello world!
```

3. コメント

// （二重スラッシュ）を入力すると、その部分から行の終わりまでコメントとして扱われます。コメントはプログラムとして実行されません。

3.1 コメントの役割
1) あとで見直した時にプログラムを理解しやすいようにメモを残す。
2) プログラムの一部を無効にする。これを〝コメントアウト〟と言います。

3.2 複数行のコメント
/* ～ */ で囲みます。

```
/* alert("Hello world!");
console.log("Hello, world!"); */
```

3.3 コメントアウトの練習
test001.html 以下の部分にコメントアウトを行い、実行を確認してください。

```
14     //alert("Hello world!");          //コメントアウト
```

4. エラー

プログラムが動作しない時はコンソールでエラーメッセージを読み解き、修正します。

4.1 エラーメッセージ
コンソールのエラーメッセージの例 ：エラーの種類と場所（行）が示されています。

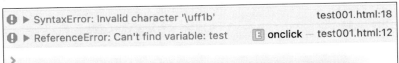

主なエラーメッセージ

`SyntaxError` 〜	構文の誤りを指します。
`ReferenceError` 〜	変数や関数などが参照できないことを指します。
`RangeError` 〜	参照できない範囲を参照していることを指します。
`TypeError` 〜	計算が実行できないことを指します。

> よくあるミス:名前の不一致
>
> プログラミングでは名前をつける行為が頻発しますが、大文字や小文字の差異をふくめ、名前の不一致はよくエラーの原因になります。

4.2 エラーメッセージが出ない場合

 パートⅠでもふれたように、プログラミングは人間が設定した〝関心〟にもとづく行為です。したがって、エラーメッセージがなくてもプログラムが関心にそぐわない場合があります。この場合、アラートやコンソールで表示をしたり、コメントアウトでプログラムの一部を停止したりし、具体的にアクションを起こして修正案を考えます。

 少し先の内容ですが、エラーメッセージの出ないトラブルについて実例をみておきましょう。

```
if(a==0){a=1;} // 処理1 aが0ならaを1にする。
if(a==1){a=0;} // 処理2 aが1ならaを0にする。
```

 aの値を0と1に切り替えるつもりで上のプログラムを書くのは誤りです。構文上は正しいのでエラーメッセージは出ません。処理1が実行された時、aが1となっても、ただちに処理2が実行され、2行を実行した後はaの値はつねに0です。このような意図しない動作を見つけるには各行の後で `console.log(a)` などを使い、aの内容をいったん出力して動作を確かめます。

4.3 「四つの規則」と検索のしかた

 哲学者として知られるデカルト(1596-1650)は『方法序説』の中で問題を解く「四つの規則」を提案しています。プログラミングでもエラーに対処する重要な思考法ですから、以下にまとめておきます(参考文献 pp.28-29)。

 ① 証拠がなければ受け入れない。速断と偏見を避ける。

 ② 問題を解くために必要なだけの小部分に分割する。

 ③ 単純で認識しやすいものから始め、複雑なものまで登る。

 ④ すべての枚挙と全体の見直しをして、見落としがないか確信する。

 プログラミングでは思わぬ動作をしていないかという反省(①と④)が必要です。またコメントアウトなどで問題の切り分け(②と③)をします。

 ネットでプログラミング上の問題を検索する場合は、プログラミング言語名をキーワードに含めてください(〝Javascript SyntaxError〟など)。高度な問題は英語で検索する必要もあります。

5. 変数

　変数とは数値や文字を入れる〝箱〟です。何回もつかう数値や文字は変数に代入します。

5.1　変数の宣言

1) `const` 変数名 = 値;　　　　　　再代入できない変数（定数）を宣言します。

2) `let` 変数名;　　　　　　　　　代入できる変数を宣言します。再宣言はできません。

3) `let` 変数名1, 変数名2;　　　　複数の変数はカンマ（,）で区切って宣言します。

4) `var` 変数名;　　　　　　　　　概ね `let` と同じですが、古い書き方です。

5.2　変数名の規則

1)　1文字目は半角アルファベット、アンダーバー（_）、ドル記号($)のいずれかです。

2)　2文字目以降は1文字目の文字種のほかに半角数字(0-9)が使えます。

3)　大文字と小文字は区別されます。

4)　スペースやハイフンを含めることはできません。

5)　JavaScript の予約語は使えません。例：`break case class const delete do else false for function if in new null return this true try while with`

5.3　変数名の慣習・守るべきルール

1) 変数名には頭文字を使ったり、母音を省略したりして名付けます。例：`sc　(score)`

2) 長い変数名は区切で大文字にするか、アンダースコアで繋ぎます。例：`itemPrice sc_math`

3) 値や内容を変えない変数は全て大文字で書く場合があります。例：`TAXRATE`

4) 反復構造（後述）には `i`,`j`,`k` 等を使うことが多いです。

5.4　変数への代入

1) 変数に値を代入するにはイコール（=）を用います。= の右が処理されて左に代入されます。

2) 文字列（文字の集まり）の代入は文字列をクォーテション記号（" "か' '）で囲みます。

　　例：`total = 0;`　　　`m = "問題";`　　　`let score = 0;`

　　　　`i = i + 1;`　// i+1を処理して i に代入します。つまり、i の内容を1増加します。

5.5　変数の値の交換

誤った値交換

```
a = 3;
b = 4;
a = b;  //aが4になる。
b = a;  //bも4になる。
```

正しい値交換

```
a = 3;
b = 4;
w = a;  //wに3を保存。
a = b;  //aが4になる。
b = w;  //bが3になる。
```

　※補足：〝分割代入〟で値交換を1行で行えます。　例 `[a, b] = [b, a];`

5.6 変数のスコープ（有効範囲）

1) グローバル・スコープ：`<script>`タグの下（トップレベル）で変数を宣言します。この変数は全 function で参照可能です。グローバル・スコープの変数（グローバル変数）は離れた場所で値が代入されることがあるので要注意です。

2) ローカル・スコープ：function 内部で宣言して function 内部でのみ参照可能。

5.7 変数の値交換プログラム

swapping.html

```
1   <!DOCTYPE html>
2   <html lang="ja">
3   <head><meta charset="UTF-8"><title>変数の表示</title>
4   <link rel="stylesheet" href="css/default.css">
5   </head>
6   <body>
7   <button onclick="swap()">変数交換</button>
8   <p id="msg"></p>
9   <script>
10  "use strict";
11  let a = 123; //-----グローバル変数
12  let b = 456; //-----グローバル変数
13  function swap(){
14    let w = a;//-----ローカル変数、a の内容のバックアップ
15    a = b; //-------- a に b を代入
16    b = w; //-------- b に w を代入
17    document.getElementById("msg").innerHTML = a;//---変数 a の表示
18  }
19  </script></body></html>
```

6. 算術計算

6.1 主な算術演算子（計算記号）

算法	JavaScript で用いる記号	備考
足し算（加算）	+	
引き算（減算）	−	
掛け算（乗算）	*	アスタリスク　加減より優先
割り算（除算）	/	スラッシュ　　加減より優先
べき乗（〜乗）	**	Ecma2016 で追加 → Math.pow( )
余り（剰余）	%	10 ％ 3 は 1 となる
カッコ（ ）	（ ）	カッコの内部の計算が優先
二重括弧 {( )}	(( ))	起こしと受けの対応に注意

6.2　文字連結

文字列に対して加算記号（ + ）を使うと文字列を連結することができます。

```
例：tp = 38;
    console.log("今日の気温は" + tp + "度です") ;//今日の気温は38度です
```

6.3　テンプレート・リテラル

文字列の中に変数を入れて表示できます（Ecma2015 より）。メッセージ内容をバッククォート（ ` ` ）で囲み、変数や数式は${〜}の内部に書きます。

```
例：console.log(`今日の温度は${tp}度です。`);
```

6.4　代入演算子

+= -= *= /= 等を使うと、計算や文字連結の後に代入できます。

```
例：d += 20; //d=d+20 と同じ
```

6.5　インクリメントとデクリメント

変数の値を1ずつ増減する操作は頻繁に使うので、短い書き方があります。

++	：	1を足す　インクリメント	i++ は i=i+1 と同じ。
--	：	1を引く　デクリメント	i-- は i=i-1 と同じ。

6.6　四則計算のプログラム

culculation.html

```
1   <!DOCTYPE html>
2   <html lang="ja">
3   <head><meta charset="UTF-8"><title>変数の表示</title>
4   <link rel="stylesheet" href="css/default.css">
5   </style></head>
6   <body>
7   <button onclick="culc()">計算</button>
8   <p id="msg"></p>
9   <script>
10  "use strict";
11  function culc(){
12      let a, b, c, d, e, f, m;//------------------------変数の宣言
13      a = 22; //------変数の代入
14      b = 7; // ------変数の代入
15      c = a + b; //---加算結果をcに代入
16      d = a - b; //---減算結果をdに代入
17      e = a * b; //---乗算結果をeに代入
18      f = a / b; //---除算結果をfに代入
19      m = a + " + " + b + " = " + c + "<br>"; //-------文字連結と改行
20      m += a + " - " + b + " = " + d + "<br>";
```

```
21    m += a + " × " + b + " = " + e + "<br>";
22    m += a + " ÷ " + b + " = " + f + "<br>";
23    document.getElementById("msg").innerHTML = m; //--表示
24  }
25  </script></body></html>
```

7. 入力の取得

HTML の入力フォームから値を得るにはタグの id 属性を通して JavaScript でアクセスします。

7.1　入力フォームのアクセス

1）テキストボックス・テキストエリア・セレクトボックス等の値を取得する場合

　　変数 = document.getElementById("id 名").value;

2）ラジオボタン・チェックボックスのチェック状態を取得する場合

　　変数 = document.getElementById("id 名").checked;

　　説明：チェックされていれば true、チェックされていなければ false が変数に返ります。

7.2　型変換

入力フォームから取得したデータは型変換をしておくと思わぬ動作を防止できます。

Number(a)	数字でかかれた文字列 a を数値にする。"123"→123
parseInt(a)	数字でかかれた文字列 a を整数にする。"123"→123
parseFloat(a)	数字でかかれた文字列 a を実数にする。"123.45"→123.45
String(a)	数値 a を文字列に変換する。123→"123"。

> よくあるミス：加算のつもりで文字連結
>
> 　文字の"1"と"2"を+すると"12"となります。+が文字連結と解釈されるためです。数値に変換しておけば、+が加算と解釈され、3 という加算結果が得られます。

7.3　入力フォームの状態取得を表示するプログラム

input.html 　 は半角スペースの実体参照です。

```
1   <!DOCTYPE html>
2   <html lang="ja">
3   <head><meta charset="UTF-8"><title>入力の取得</title>
4   <link rel="stylesheet" href="css/input.css">
5   </head>
6   <body>
7   <div>性別  
8   <input type="radio" name="rdb1" id="male" checked>男性   
9   <input type="radio" name="rdb1" id="female">女性
```

```
10    </div>
11    <div>端末  
12    <input type="checkbox" id="com">パソコン
13    <input type="checkbox" id="tab">タブレット
14    <input type="checkbox" id="smp">スマホ
15    </div>
16    <div>年代  
17    <select id="age">
18        <option value="10">10 代</option>
19        <option value="20" selected>20 代</option>
20        <option value="30">30 代</option>
21        <option value="40">40 代</option>
22    </select></div>
23    <div>氏名   <input type="text" size="6" id="name"></div>
24    <button onclick="getInput()">OK</button>
25    <p id="msg"></p>
26    <script>
27    "use strict";
28    function getInput(){
29        let r1 = document.getElementById("male").checked;//ラジオボタン
30        let r2 = document.getElementById("female").checked;
31        let c1 = document.getElementById("com").checked;//チェックボックス
32        let c2 = document.getElementById("tab").checked;
33        let c3 = document.getElementById("smp").checked;
34        let age = document.getElementById("age").value;//セレクトボックス
35        let n = document.getElementById("name").value;//テキストボックス
36        let m = r1+", "+r2+", "+c1+", "+c2+", "+c3+", "+age+", "+n;
37        document.getElementById("msg").innerHTML = m;//表示
38    }
39    </script></body></html>
```

input.css default.css を変更してファイル名を変えて css フォルダに保存

```
1    body{font-size : 14pt; color : black; background-color : white;}
2    button{font-size : 20pt; color : white; background-color : blue;}
3    #age{font-size : 20pt; width : 4em;}
4    input[type="text"]{color : #000080; font-size : 16pt; width :10em;
5      border : solid #C0C0C0 1px; text-align : center;
6    }
```

8. 数学関数

Math オブジェクトに数学でつかう様々な関数が用意されています。基本的使い方は以下です。

　　Math.関数名(引数)

8.1 数値丸めなど

`Math.floor(a)`	引数 a の小数点以下を切捨てる。
`Math.ceil(a)`	引数 a の小数点以下を切上げる。
`Math.round(a)`	引数 a の小数点以下を四捨五入する。

8.2 ベキ乗など

`Math.pow(a, b)`	a の b 乗。　　　　Ecma2016 以降は `**` と同じ
`Math.sqrt(a)`	$\sqrt{a}$　a の平方根。　`Math.pow(a, 1/2)` と同じ

8.3 円周率・三角比

`Math.PI`	π 円周率　　　　引数はなし。
`Math.sin(a)`	a の sin（正弦）　a はラジアン　2π なら 360° のこと
`Math.cos(a)`	a の cos（余弦）　a はラジアン
`Math.tan(a)`	a の tan（正接）　a はラジアン

8.4 対数

`Math.log(a)`	a の対数　底は e（ネイピア数：2.718…）
`Math.log10(a)`	a の対数　底は 10
`Math.log2(a)`	a の対数　底は 2

8.5 最大・最小

`Math.max(a,b …)`	a,b など引数の中から最大値を返す
`Math.min(a,b …)`	a,b など引数の中から最小値を返す

8.6 乱数・ランダム

`Math.random()`	1 未満の乱数（無作為な数）をつくる。0.000…〜0.999…

8.7 サイコロの作成

　6面体サイコロの式　　`Math.floor( Math.random()*6 ) + 1;`

　説明：`Math.random()` は 0.00…〜0.99…の乱数を発生、`*6` で 0.00…〜5.99…となり、`Math.floor()` で小数点以下を切捨てて 0〜5、最後に 1 が加算され 1〜6 の乱数ができます。

dice.html

```
1   <!DOCTYPE html>
2   <html lang="ja">
3   <head><meta charset="UTF-8"><title>サイコロ</title>
4   <link rel="stylesheet" href="css/default.css"></head>
5   <body>
6   <button onclick="dice()">サイコロ</button>
7   <p id="msg"></p>
8   <script>
9   "use strict";
10  function dice(){
11  let d;
12  d = Math.floor(Math.random()*6) + 1; //-----------------サイコロ
13  document.getElementById("msg").innerHTML += d + ", ";//-表示
14  }
15  </script></body></html>
```

8.8　小数点以下の桁丸め

Math オブジェクトの数値丸めは小数点以下をすべて丸めるので、小数点以下 n 桁までを得るには以下のようにします。

小数点以下第 3 位を切捨てる。

```
n = 2;
a = 1.41421356;
a = Math.floor(a * Math.pow(10,n)) / Math.pow(10,n);
```

> **よくあるミス：丸め誤差**
> 　計算過程で丸めが入ると意図する値を得られないことがあるので注意してください。数値の丸めは表示する直前に行いましょう。

9.　ユーザ定義関数

　関数（function）は入力フォームから呼び出すだけでなく、プログラムの内部から呼び出すこともできます。使用頻度の高い処理はユーザーが独自に定義しておき、呼び出して使います。

9.1　ユーザ定義関数の基本的書き方

```
function 関数名（引数）{
    処理
    return 返値; //return や返値がない場合もある
}
```

9.2　関数の使い方

　　1)　関数名 (引数) ;　　　　　　　　　関数に処理させる。

　　2)　変数 = 関数名 (引数) ;　　　　　関数の返値を変数に代入する。

例：半径10の円周を計算して小数点以下第3位を四捨五入して表示する。

```
arc = round(2 * Math.PI * 10 , 2);
alert(arc);
function round(a, n){
  return Math.round(a * Math.pow(10,n)) / Math.pow(10,n);//丸め
}
```

9.3　アロー関数

関数はアロー演算子(=>) を使って下のように書くこともできます（Ecma2015より）。

　　関数名 = (引数1 , 引数2) => {return 処理;}

　　1)　引数が1つで処理が1つなら右のように書きます。　　関数名 = 引数 => 処理;

　　2)　引数がない場合は ( ) は省略できません。　　　　関数名 = () => 処理;

　　3)　無名関数(配列処理などに使う)　　　　　　　　引数 => 処理;

例：円周率を小数点以下第3位を四捨五入して表示する

```
function test(){alert(round(Math.PI));}
const round = a => Math.round(a * 100) / 100; //アロー関数
```

10.　選択構造

　条件（例えば年齢など）によって処理を変える場合、選択構造を使います。

10.1　選択構造1　if文

　　if (条件){ 条件成立処理 ;}

10.2　比較演算子

　if文などの条件には比較演算子をつかいます。

記号	意味	記号	意味
==	値が等しい	<	より小さい・未満
===	値と型が等しい	<=	以下
!=	値が等しくない	>	より大きい
!==	値や型が等しくない	>=	以上

　　例：if (a % 2 == 0) { alert("偶数です");}

10.3　複数条件

&& （かつ）や || （あるいは）を使い条件をつなぎます。| はパイプといいます。

例1： if(age >= 20 && age <= 29){ alert("20代です");}

例2： if(age == 3 || age == 5 || age == 7){ alert ("七五三です") ;}

10.4　条件不成立処理

if (条件) { 条件成立処理 ;} else {条件不成立処理;}

10.5　選択構造2　switch 文

変数の値で処理を変える時にシンプルに選択構造を書けます。

```
switch( 変数 ){
 case 変数の値： 処理1;
 case 変数の値： 処理2;
 }
```

10.6　三項演算子

選択構造を短く書けますが、プログラムの読みやすさに注意して下さい。

条件 ? 成立時の値 ： 不成立時の値;

10.7　フラグ　flag

フラグとはプログラムを制御するために変数で作るスイッチです。また、スイッチとなる変数のこともフラグといいます。基本的に0か1の2つの値を持つ場合が多いです。フラグ変数の内容が変化することを〝フラグが立つ〟または〝フラグをセットする〟と言います。

10.8　サクラの開花

サクラは2月1日から一日の最高気温を毎日累計し、累計温度が600度をこえた日の付近で開花します。これを使い、簡単なシミュレーションを作りましょう。2月の最高気温を8℃〜13℃、3月は10℃〜16℃、4月は12℃〜18℃の間で、日毎にランダムに決まるものとします。

blossom.html

```
1   <!DOCTYPE html>
2   <html lang="ja">
3   <head><meta charset="UTF-8"><title>サクラ開花</title>
4   <link rel="stylesheet" href="css/default.css"></head>
5   <body>
6   <button onclick="blossom()">サクラの開花</button>
7   <p id="msg"></p>
8   <script>
9   "use strict";
10  let t = 0;//最高気温累積変数
```

```
11   let f = 0;//開花フラグ
12   let n = 1;//〜日目
13   function blossom(){
14     let d;//一日ごとの最高気温
15     let ms = document.getElementById("msg");
16     if (n < 29){d = 8 + Math.floor(Math.random()*6);}//2月
17     if (n >= 29 && n<61){d = 10 + Math.floor(Math.random()*7);}//3月
18     if (n >= 61){d = 12 + Math.floor(Math.random()*7);}//4月
19     t = t + d;
20     if (t > 600){f = 1;}
21     if(f == 0){ms.innerHTML += n + "日目" + d + "度, ";}
22     if(f == 1){ms.innerHTML += "開花? ";}
23     n++;
24   }
25   </script></body></html>
```

ここまでは strict モードを使ってきましたが、以下 strict モードを外します。

11. プログラミングの進めかた（1）

　ここまでの復習として二酸化炭素の排出量を計算する換算プログラムを作ります。（参考：温室効果ガス総排出量算出ガイドライン 2017 年）

制作1 ガソリン 50ℓ を燃焼した時の二酸化炭素排出量を計算します。

二酸化炭素排出量(kg-CO_2) ＝ 使用料(ℓ) ×単位発熱量×炭素排出係数×44÷12

　・ガソリンの単位発熱量：34.6（MJ/ℓ）　MJ：メガ・ジュール

　・炭素排出係数：0.0183（kg-C/MJ）

　・CO_2 分子と C 原子に対する重量の比：44：12

emissions001.html

```
1    <!DOCTYPE html>
2    <html lang="ja">
3    <head><meta charset="UTF-8"><title>二酸化炭素排出量</title>
4    <link rel="stylesheet" href="css/default.css"></head>
5    <body>
6    <h1>二酸化炭素排出量</h1>
7    <button onclick="CO2()">計算</button>
8    <p id="msg"></p>
9    <script>
10   function CO2(){
11     let em = 50 * 34.6 * 0.0183 * 44 / 12;//-----計算
12     document.getElementById("msg").innerHTML="CO2 排出:"+ em +" kg";
13   }
14   </script></body></html>
```

制作2 テキストボックスに入力した使用量から二酸化炭素排出量を計算します。

emissions002.html

```
1   <!DOCTYPE html>
2   <html lang="ja">
3   <head><meta charset="UTF-8"><title>二酸化炭素排出量</title>
4   <link rel="stylesheet" href="css/default.css">
5   </head>
6   <body>
7   <h1>二酸化炭素排出量</h1>
8   <div>ガソリン<input type="text" id="use" size="6">リットル
9   <button onclick="CO2()">計算</button></div>
10  <p id="msg"></p>
11  <script>
12  function CO2(){
13    let use, em; //-------------------------------ローカルレベル変数
14    use = document.getElementById("use").value; //---値を取得
15    use = parseFloat(use); //---------------------実数に変換
16    em = use * 34.6 * 0.0183 * 44/12; //------------------排出量計算
17    document.getElementById("msg").innerHTML ="CO2 排出量: "+em+" kg";
18  }
19  </script></body></html>
```

制作3 二酸化炭素排出量(kg)を体積(㎥)と球直径(m)に換算します（概算値）。四捨五入はユーザ定義関数として定義します。（制作2を改変します）

$$体積 V = 排出量 kg × 1000 ÷ 44 × 0.0224 \quad（標準状態）$$

emissions003.html　　関数のみ。立方根は Math.pow(〜, 1/3) で算出します。

```
12  function CO2(){
13    let use, em, vl, dm, m; //ローカルレベル変数
14    use = parseFloat(document.getElementById("use").value);
15    em = use * 34.6 * 0.0183 * 44 / 12;//------------------質量 kg
16    vl= em * 1000 / 44 * 0.0224;//------------------------体積㎥
17    dm = Math.pow( 3 / (4 * Math.PI) * vl, 1/3) * 2; //---球直径
18    m = "CO2 排出量: " + round(em, 2) + " kg <br>"; //-----メッセージ
19    m += "体積: " + round(vl, 2) + " ㎥ <br>";
20    m += "球直径換算:" + round(dm, 2) + " m <br>";
21    document.getElementById("msg").innerHTML = m; //----表示
22  }
23  function round(a, n){
24    return Math.round(a * Math.pow(10, n )) / Math.pow(10,n );//丸め
25  }
```

制作4 燃料の種類を変更できるようにして、排出量を表示しましょう。

燃料の種類	単位発熱量(MJ/L)	炭素排出係数(kg-C/MJ)
ガソリン	34.6	0.0183
軽油	37.7	0.0187
灯油	36.7	0.0185

emissions004.html

```
1    <!DOCTYPE html>
2    <html lang="ja">
3    <head><meta charset="UTF-8"><title>二酸化炭素排出量計算</title>
4    <link rel="stylesheet" href="css/emissions.css"></head>
5    <body>
6    <h1>二酸化炭素排出量</h1>
7    <div>
8    <select id="fuel">
9    <option value="1" selected>ガソリン</option>
10   <option value="2">軽油</option>
11   <option value="3">灯油</option>
12   </select>
13   <input type="text" id="use" size="6">リットル
14   <button onclick="CO2()">計算</button></div>
15   <p id="msg"></p>
16   <script>
17   function CO2(){
18      let f,use, mj, kgc, em, vl, dm, m; //---------ローカルレベル変数
19      f = document.getElementById("fuel").value;//--燃料の種類
20        if(f == "1"){mj = 34.6; kgc = 0.0183;}//----数値をセット
21        if(f == "2"){mj = 37.7; kgc = 0.0187;}
22        if(f == "3"){mj = 36.7; kgc = 0.0185;}
23      use = parseFloat(document.getElementById("use").value);//使用量
24        em = use * mj * kgc * 44 / 12;//-----------------計算kg
25        vl= em * 1000 / 44 * 2.24 * 0.0224;//------------体積㎥
26        dm = Math.pow(3 / (4*Math.PI) * vl, 1/3) * 2; //-球直径m
27        m = "CO2 排出量: " + round(em, 2) + " kg <br>";//--メッセージ作成
28        m += "体積: " + round(vl, 2) +" ㎥ <br>";
29        m += "球直径換算:" + round(dm, 2) + " m <br>";
30      document.getElementById("msg").innerHTML = m;//----表示
31   }
32   function round(a, n){
33    return Math.round(a * Math.pow(10, n)) / Math.pow(10,n);//丸め
34   }
35   </script></body></html>
```

emissions.css　html ファイルの下位 css フォルダに保存

```
1    body{font-size:14pt; color:#000000; background-color:#FFFFFF;}
2    button{font-size:20pt; color:#FFFFFF; background-color:#0000FF;}
3    #msg{margin-left:2em;}
4    #use{font-size:20pt; color:#0000FF;}
5    #fuel{font-size:20pt; color:#0000FF;}
```

ここまでの制作をふりかえり、換算をするプログラムの進め方をまとめてみましょう。

1) まず固定値で計算結果の表示を確認する。

2) 変数を設定する。換算では方程式を変換することも必要です。

3) 入力値を変数として扱えるようにする。

4) よく使う処理はユーザ定義関数にする。

5) 条件分岐などを付加する。変数を変えられるように入力も工夫します。

12.　反復構造

　　反復（ループ）とは同じ手順を繰り返すことです。反復構造はコードが少ないのに処理が多いので、動作を想像しながらプログラミングをする必要があります。

12.1　反復構造（1）　for 文

　　反復の回数などがわかっている場合、以下のように for 文で反復構造を書きます。

　　　for（初期値; 反復条件; 更新式）{ 反復処理; }

loop001.html　1以上1万未満の奇数の合計を表示

```
1    <!DOCTYPE html>
2    <html lang="ja">
3    <head><meta charset="UTF-8"><title>ループ1</title>
4    <link rel="stylesheet" href="css/default.css">
5    </head>
6    <body>
7    <button onclick="loop()">ループ1</button>
8    <p id="msg"></p>
9    <script>
10   function loop(){
11       let s = 0;//--------------------------------合計用変数の初期値
12       for(i=1; i<10000; i=i+2){s = s + i;}//-------反復計算
13       document.getElementById("msg").innerHTML = s;//-表示
14   }
15   </script></body></html>
```

12.2 反復構造（2）　while 文

何回で終わるか分からない反復処理は以下のように書きます。

　　while（反復条件）{ 反復処理 ; }

loop002.html　サイコロで 6 が出るまで繰り返す（6 でない限り反復）12.1 を変更。

```
10   function loop(){
11     let n=0; //回数
12     let r=0; //乱数の初期化
13     while (r !== 6){r = Math.floor(Math.random()*6)+1; n++;}
14     document.getElementById("msg").innerHTML = n+"回目で 6 が出ました";
15   }
```

> よくあるミス：無限ループ
>
> 　for や while 文を実行する時は必ずループが終了するかという点を考えましょう。終わらないループに陥った場合、実行しているウィンドウを閉じてください。ブラウザを強制終了する場合もあります。その後、繰返条件や更新式を修正して実行します。

12.3 多重ループ（入れ子構造）

　反復構造の内部に反復構造を書くことができます。{～}の対応などに注意しましょう。反復条件に用いる変数はループごとに変えてください。

table.html　九九の表を出力するプログラム

```
1    <!DOCTYPE html>
2    <html lang="ja">
3    <head><meta charset="utf-8"><title>九九の表</title>
4    <link rel="stylesheet" href="css/table.css">
5    </head>
6    <body>
7    <button onclick="loop3()">九九の表</button>
8    <p id="msg"></p>
9    <script>
10   function loop3(){
11     let t="<table>";
12     for(i=1; i<=9 ;i++){ //-------------ループ 1 開始
13       t += "<tr>";
14       for(j=1; j<=9; j++){ //----------ループ 2 開始
15       t += "<td>" + (i*j) + "</td>";
16       } //---------------------------ループ 2 終了
17       t += "</tr>";
18     } //-----------------------------ループ 1 終了
19     t += "</table>";
```

```
20    document.getElementById("msg").innerHTML = t;
21    }
22   </script></body></html>
```

table.css : html ファイル下位の css フォルダに保存

```
1   body{font-size:14pt; color:#000000; background-color:#FFFFFF;
2   padding:1em;}
3   button{font-size:20pt; color:#FFFFFF; background-color:#0000FF;}
4   td{width:20pt; height:20pt; border:solid 1px #000000;
5   text-align:center;}
```

13. 配列

配列（Array）とは番号のついた変数で、多量のデータを処理する場合に使います。番号を添字（そえじ）と言い、[ ]（ブラケット）で囲みます。添字は通常 0 から開始です。

13.1 配列の宣言

```
let 配列名 = [];
```

13.2 配列の使い方

```
item[0] = 100;
item[1] = 200;
alert(item[0]+item[1]); //300 を出力
```

13.3 主な配列操作

配列はオブジェクトで、以下のプロパティとメソッドがあります。

配列名.length	配列の長さをもつプロパティ。最後の添字+1 が返る。
配列名.unshift(値)	配列先頭（添字 0）に値を追加するメソッド。
配列名.shift()	配列先頭（添字 0）を削除するメソッド。引数はなし。
配列名.push(値)	配列末尾に値を追加するメソッド。
配列名.pop()	配列末尾を削除するメソッド。引数はなし。
配列名.join("連結文字")	添字順に連結文字で結合し、一列の文字列にする。
配列名.splice(x, y, z)	配列添字 x 番目から y 個を除き z（値）を加える。
配列名.indexOf(値)	配列内容が値となる添字を返す。なければ-1。
配列名.sort(無名関数)	配列内容を並べ替える。デフォルトは文字コード昇順。
配列名.foreach(無名関数)	全要素に一回ずつ関数を実行する。
配列名.filter(無名関数)	配列要素を条件で絞り込む。

13.4 配列のソート（並べ替え・パブルソート）

sort001.html　3桁の乱数を100個作り昇順にソートするプログラム。二重ループを使う。

```
1   <!DOCTYPE html>
2   <html lang="ja">
3   <head><meta charset="UTF-8"><title>バブルソート</title>
4   <link rel="stylesheet" href="css/default.css"></head>
5   <body>
6   <h1>バブルソート</h1>
7   <button onclick="sort()">ソート</button>
8   <p id="msg"></p>
9   <script>
10  function sort(){
11  let i, j, w;//変数
12  let n=[];//配列
13  for(i=0;i<100;i++){n.push(parseInt(Math.random()*900)+100);}//作成
14  for(i=0; i<n.length-1; i++){ //----------------------ソート開始
15    for(j=i+1; j<n.length; j++){
16       if (n[i] > n[j]){ [n[i],n[j]] = [n[j],n[i]]; }//値交換
17    }
18  }//----------------------------------------------------ソート終了
19   document.getElementById("msg").innerHTML = n.join(", "); //結合
20  }
21  </script></body></html>
```

13.5 無名関数を使った配列のソート

sort002.html　13.4 は以下のように短く書くこともできます。配列.sort は文字としてソートしますが、無名関数を .sort に引数として与えることで数値としてソートできます。

```
10  function sort(){
11    let n=[];
12    for(i=0; i<100; i++){n.push(parseInt(Math.random()*900)+100;}
13    n.sort((a, b) => (a - b)); //ソート、降順の場合は (a, b) => (b - a)
14    document.getElementById("msg").innerHTML = n.join(", ");
15  }
```

13.6 配列のフィルタ

条件にあったデータだけを配列から取り出します。

sort003.html　3桁の乱数100個を作り、900以上をだけを降順に表示する（関数のみ）。

```
10  function sort(){
11    let n=[];
12    for(i=0;i<100;i++){n.push(parseInt(Math.random()*900)+100;}
13    let nn = n.filter(a => a >= 900); //--配列の中から値900以上を抽出
```

```
14    nn.sort((a, b) => (b - a)); //---------降順にソート
15    document.getElementById("msg").innerHTML = nn.join(", ");
16  }
```

13.7　多次元配列

配列要素に対して更に配列を宣言すると、複数の添字をもつ配列を作ることができます。

reversi.html　二次元配列を使いリバーシ（オセロ）の初期画面を作るプログラム。

```
1   <!DOCTYPE html><html lang="ja">
2   <head><meta charset="UTF-8"><title>リバーシ</title>
3   <link rel="stylesheet" href="css/reversi.css"></head>
4   <body onload="reversi()">
5   <p id="msg"></p>
6   <script>
7   function reversi(){
8   let r=[];//---------------まず一次元の配列を宣言
9   for(i=0; i<8; i++){
10    r[i]=[];//--------------配列要素にさらに配列宣言をして二次元配列に
11    for(j=0; j<8; j++){ r[i][j] = "";} //-------二次元配列を初期化
12  }
13    r[3][3]="<span class='w'>●</span>";//-------盤上に駒をセット
14    r[3][4]="<span class='b'>●</span>";
15    r[4][3]="<span class='b'>●</span>";
16    r[4][4]="<span class='w'>●</span>";
17  let m = "<table>";//-------------------------表示用変数
18  for(i=0; i < r.length; i++){
19    m += "<tr>";
20    for(j=0; j < r[i].length; j++){ m += "<td>"+r[i][j]+"</td>"; }
21    m += "</tr>";
22  }
23  m += "</table>";//-------------------------メッセージ作成終了
24  document.getElementById("msg").innerHTML = m;  //表示
25  }
26  </script></body></html>
```

reversi.css　htmlファイルの下位cssフォルダに保存。

```
1   body{ font-size:14pt; color:black; background-color:white;
2     padding:1em;}
3   table{border-collapse:collapse; border-spacing:0px;
4     border:solid 5px #800000;}
5   td{background-color:#008000; width:30px; height:30px;
6     border:solid 1px #000000; text-align:center;}
7   .w{color:#FFFFFF;}
8   .b{color:#000000;}
```

14. 日付と時刻

JavaScript で日付や時刻などを扱う場合は Date オブジェクトを使います。

14.1 Date オブジェクトの作成

オブジェクト名 = new Date();　　　　　　　　本日の日付を生成します。
オブジェクト名 = new Date(年, 月, 日);　　　指定の日付を生成します。
　注意：月は 0 から始まり、1 月は 0 と指定します。

14.2 Date オブジェクトの主なメソッド

日付 Object.getFullYear()　　　　　　地方時にもとづき年を取得します。
日付 Object.getMonth()　　　　　　　月を取得します。返値は 0〜11、0 が 1 月です。
日付 Object.getDate()　　　　　　　　日を取得します。返値は 1〜31 です。
日付 Object.getDay()　　　　　　　　曜日を取得、返値は 0〜6、0 が日曜日です。
日付 Object.getHours()　　　　　　　時を取得します。返値は 0〜23 です。
日付 Object.getMinutes()　　　　　　分を取得します。返値は 0〜59 です。
日付 Object.getSeconds()　　　　　　秒を取得します。返値は 0〜59 です。
日付 Object. getMilliseconds()　　　ミリ秒を取得します。返値は 0〜999。

14.3 現在時刻の表示

date001.html　HTML 文書を開くと本日の日付と現在時刻を表示します。

```
1   <!DOCTYPE html>
2   <html lang="ja"><head><meta charset="utf-8">
3   <title>Date オブジェクト</title>
4   <link rel="stylesheet" href="css/default.css"></head>
5   <body onload="today()">
6   <p id="msg"></p>
7   <script>
8   function today(){
9    let t = new Date(); //-------------Date オブジェクト
10   let m = t.getFullYear()+"/"+(t.getMonth()+1)+"/"+t.getDate()+" ";
11   m += t.getHours() + ":" + t.getMinutes() + ":" + t.getSeconds();
12   document.getElementById("msg").innerHTML = m;
13   }
14   </script></body></html>
```

15. プログラミングの進めかた（2）

ここまでの復習としてカレンダーを作ります。

制作5 ベースを作成する。

西暦年をテキストボックスで入力し、1月1日から12月31日までを表示するプログラムをつくりましょう。月の日数は関数にします。2月の日数は年が決定しないと決まりません。西暦年が4で割り切れる（剰余=0）場合は閏年ですが、西暦年が100で割り切れ、かつ400で割り切ない場合は平年です。

プログラムの構成

① 年と月を引数とし、月の日数を返す関数　　LengthOfMonth(年,月)

② 年間の日付を二次元配列に格納する関数　　mainCalendar()　配列はd[月][日]

③ 配列データを仮に表示する関数　　dispCalendar(日付配列)

calendar001.html

```
1   <!DOCTYPE html>
2   <html lang="ja">
3   <head><meta charset="UTF-8"><title>カレンダー</title>
4   <link rel="stylesheet" href="css/calendar.css"></head>
5   <body>
6   <h1>カレンダー</h1>
7   <input type="text" id="frmYear" value="2022">年
8   <button onclick="mainCalendar()">表示</button>
9   <p id="msg"></p>
10  <script>
11  function mainCalendar(){
12  let y, m;//-----------------変数宣言 年・月
13  let d = [];//----------------日の配列
14  y = parseInt(document.getElementById("frmYear").value);//年を取得
15  for(m = 1; m <= 12; m++){
16    d[m] = [];//-------------二次元配列化
17    for(i = 1; i <= lengthOfMonth(y, m); i++){d[m][i] = i;}
18  }
19  dispCalendar(d);//----------仮表示、引数は配列
20  }
21  //仮表示関数
22  function dispCalendar(d){
23    ms="";
24    for(i = 1; i <= 12; i++){ms += d[i].join(" ")+"<br>";}
25    document.getElementById("msg").innerHTML = ms;
26  }
```

```
27    //月の日数関数 年と月を引数にして月の日数を返す
28    function lengthOfMonth(y, m){
29      lm = 31;
30      if (m == 4 || m == 6 || m == 9 || m == 11){lm = 30;}
31      if (m == 2){ lm = 28;}
32      if (m == 2 && y % 4 == 0){ lm = 29; }
33      if (m == 2 && y % 100 == 0 && y % 400 !=0){ lm = 28; }
34      return lm;
35    }
36    </script></body></html>
```

calendar.css　htmlファイルの下位cssフォルダに保存

```
1     body{font-size:14pt; color:black; background-color:#FFFFFF;
2     padding:1em;}
3     button{font-size:20pt; color:#FFFFFF; background-color:#0000FF;}
4     td{font-size:14pt; border:solid #000000 1px; text-align:center;}
5     #frmYear{font-size:20pt; color:#0000FF; width:4em;}
6     .wkd{color:#808080;} /*--平日---*/
7     .sat{color:#0000FF;} /*--土曜日--*/
8     .sun{color:#FF0000;} /*--日曜日--*/
9     .hld{color:#FF00FF;} /*--祝日--*/
10    .thd{color:#FF8000;} /*--振替休日--*/
```

制作6　ベースに属性をのせる。（制作5を改変します）

　ベース・カレンダーに土日をマークアップしてみましょう。

calendar002.html　mainCalendar関数の改造

```
11    function mainCalendar(){
12    let y, m, mk;//----------------------変更  mkはマークアップ用
13    let d = [];//------------------------日の配列
14    y = parseInt(document.getElementById("frmYear").value);
15    for(m = 1; m <= 12; m++){
16      d[m] = [];//------------------------二次元配列
17    for(i = 1; i <= lengthOfMonth(y, m); i++){
18      dd = new Date(y, m-1, i); //----------変更 日付オブジェクト
19      dy = dd.getDay();//-------------------変更 曜日取得
20      mk="wkd";//--------------------------変更 マークアップ変数・平日
21      if(dy == 6){ mk ="sat";}//-----------変更 マークアップ変数・土曜日
22      if(dy == 0){ mk ="sun";}//-----------変更 マークアップ変数・日曜日
23      d[m][i] ="<span class='"+mk+"'>"+i+"</span>";//---変更　配列変更
24    }
25    }
26    dispCalendar(d);
27    }
```

制作7　不規則な属性を処理する。（制作6を改変します）

　カレンダーに国民の祝日を追加します。祝日をチェックする関数は独立させて holidays 関数にします。春分・秋分は暦学の式があります。また、月曜日の回数で決まる祝日もあります。日曜日と祝日が重なった場合は祝日より後の一番近い平日が振替休日となります。

祝日名	月日
元旦	1月1日
成人の日	1月第2月曜日
建国記念日	2月11日
天皇誕生日	2月23日
春分の日	3月21日ごろ
昭和の日	4月29日
憲法記念日	5月3日
みどりの日	5月4日
こどもの日	5月5日
海の日	7月第3月曜日
山の日	8月11日
敬老の日	9月第3月曜日
秋分の日	9月23日ごろ
スポーツの日	10月第2月曜日
文化の日	11月3日
勤労感謝の日	11月23日

春分の日の簡易式：Int(20.8431+(0.242194*(y-1980))-Int((y - 1980)/4))

秋分の日の簡易式：Int(23.2488+(0.242194*(y-1980))-Int((y - 1980)/4))

　※答えは3月と9月の日、Int は小数点以下切捨、有効範囲：1980-2099年まで

calendar003.html　mainCalendar 関数の改変をする。

```
11  function mainCalendar(){
12  let y, m, mk, mct, hc, th;//------------変更 変数宣言
13  let d = [];
14  y = parseInt(document.getElementById("frmYear").value);
15  for(m = 1; m <= 12; m++){
16    d[m] = [];
17    mct = 0;//----------------------------変更 月曜カウンタリセット
18    th = 0; //----------------------------変更 振休フラグリセット
19  for(i = 1; i <= lengthOfMonth(y, m); i++){
20    dd = new Date(y, m-1, i);
21    dy = dd.getDay();
22    mk="wkd";
23    if(dy == 1){mct++;}//--------------------変更 月曜カウント
24    hc = holidays(y, m, i, dy ,mct);//------変更 祝日チェック
25    if(hc==1 && dy==0){th=1;}//-------------変更振休フラグセット
26    if(dy == 6){ mk ="sat";}
```

```
27    if(dy == 0){ mk ="sun";}
28    if(hc == 1){ mk ="hld";}//--------------変更 祝日マークアップ
29    if(dy != 0 && hc==0 && th==1){mk = "thd" ;th = 0;}//----変更 振休
30    d[m][i] ="<span class='"+mk+"'>"+i+"</span>";
31    }
32   }
33   dispCalendar(d);
34   }
```

holidays 関数　　lengthOfMonth 関数の後などに新たに書く。コピーを上手く使いましょう。

```
55   //国民の祝日処理：引数は年・月・日・曜日・月曜の回数。返値は祝日：1、平日：0
56   function holidays(y, m, d, dy, mct){
57   let sp, au, chk;
58   sp=parseInt(20.8431+(0.242194*(y-1980))-parseInt((y - 1980)/4));
59   au=parseInt(23.2488+(0.242194*(y-1980))-parseInt((y - 1980)/4));
60   chk=0;
61   if(m == 1 && d == 1 ){ chk=1; }//元旦
62   if(m == 1 && dy == 1 & mct ==2 ){ chk=1; }//成人の日
63   if(m == 2 && d == 11 ){ chk=1; }//建国記念日
64   if(m == 2 && d == 23 ){ chk=1; }//天皇誕生日
65   if(m == 3 && d == sp){ chk=1; }//春分の日
66   if(m == 4 && d == 29){ chk=1; }//昭和の日
67   if(m == 5 && d == 3){ chk=1; }//憲法記念日
68   if(m == 5 && d == 4){ chk=1; }//みどりの日
69   if(m == 5 && d == 5){ chk=1; }//こどもの日
70   if(m == 7 && dy == 1 && mct == 3){ chk=1; }//海の日
71   if(m == 8 && d == 11){ chk=1; }//山の日
72   if(m == 9 && dy == 1 && mct == 3){ chk=1; }//敬老の日
73   if(m == 9 && d == au){ chk=1; }//秋分の日
74   if(m == 10 && dy ==1 && mct == 2){ chk=1; }//スポーツの日
75   if(m == 11 && d == 3){ chk=1; }//文化の日
76   if(m == 11 && d == 23){ chk=1; }//勤労感謝の日
77   return chk;
78   }
```

制作8 表示を改良する（制作7を改変します）。

　カレンダーの表示を変更して、1年のカレンダーを表にまとめましょう。表にまとめるには各月1日の曜日の情報が必要です。これを mainCalendar 関数で用意し、dispCalendar 関数の引数として与えます。

calendar004.html　mainCalendar 関数の変更

```
11   function mainCalendar(){
12   let y, m, mk, mct, hc, th;//変数宣言
```

```
13  let d = [];//日の配列
14  let dy1 =[];//----------------------変更：毎月1日の曜日の配列
15  y = parseInt(document.getElementById("frmYear").value);
16  for(m = 1; m <= 12; m++){
17    d[m] = [];
18    mct = 0;
19    th = 0;
20  for(i = 1; i <= lengthOfMonth(y, m); i++){
21    dd = new Date(y, m-1, i);
22    dy = dd.getDay();
23    if (i == 1){ dy1[m]=dy; }//------変更1日の曜日
24    mk="wkd";
25    if(dy == 1){mct++;}//月曜カウント
26    hc = holidays(y, m, i, dy ,mct);
27    if(hc==1 && dy==0){th=1;}
28    if(dy == 6){ mk ="sat";}
29    if(dy == 0){ mk ="sun";}
30    if(hc == 1){ mk ="hld";}
31    if(dy >=1 && dy<=6 && hc==0 && th==1){mk = "thd" ;th = 0;}
32    d[m][i] ="<span class='"+mk+"'>"+i+"</span>";
33  }
34  }
35  dispCalendar(d, dy1);//--------変更　引数はカレンダー配列と1日の曜日配列
36  }
```

calendar004.html　　dispCalendar 関数の変更

```
37  function dispCalendar(d, st){
38    let i,j,ct;//月日とカウンター
39    let ms="";
40    for(i = 1; i <= 12; i++){
41      ct = 0;
42      ms +="<div>"+i+"月</div>";
43      ms +="<table><tr><td>日</td><td>月</td><td>火</td>";
44      ms +="<td>水</td><td>木</td><td>金</td><td>土</td></tr>";
45      ms +="<tr>";
46    for(j = 0; j<st[i]; j++){ms +="<td></td>"; ct++;}//---第一週の空白
47    for(j = 1; j<d[i].length;j++){
48      if (ct == 0){ms +="<tr>";}//----------------------週始め
49      if (ct >6){ms +="</tr>"; ct=0;}//------------------週終わり
50      ms +="<td>"+d[i][j]+"</td>";
51      ct++;
52    }//--------------------日ループ終了
53      ms +="</table><br>";
54    }//--------------------月ループ終了
```

```
55    document.getElementById("msg").innerHTML = ms;//表示
56    }
```

　ここまでの制作を振りかえり、プログラミングの進めかたをまとめてみましょう。基本的に問題を小さく分割して一つずつ手をつけていきます。

　1）まずベースとなる対象（例：日付）とその性質（例：曜日）を考える。

　2）データの作成と表示を分ける。

　3）データは配列などに格納する。

　4）表示はまず簡単な仮表示関数を作り、データの格納状態などを確認してみる

　5）不規則な性質（例：祝日）は関数にして、ベースに乗せて実行結果を確認する。

　6）仮表示に手を入れ、画面表示を整える。

　実行結果　12ヶ月のカレンダーが縦に表示されます。

　改造の観点：自分の誕生日や学校・職場の休日をマークアップしてみましょう。

16.　文字列

　コンピュータで扱う文字の実体は〝文字コード〟です。文字コードとは規格で決められた番号のことです。例えば「一」は 4E00 という 16 進数の番号が決まっています（UTF-16 の場合）。

　文字列は JavaScript ではオブジェクトとして扱われ、様々な属性や処理が用意されています。

16.1　主な文字列の操作

　文字列は変数に格納して使う場合が多いです。以下の「文字列」の部分は文字列を代入した変数名でもかまいません。文字の位置は通常 0 から開始します。

　1）文字列.length　　　　　文字列の長さを参照します。

　　　例：n="abc".length;　　　　　　　結果：n=3（数値）

　2）文字列.charAt(位置)　指定位置の文字を取り出す。先頭は 0 から開始です。

　　　例：s="abc".charAt(1);　　　　　結果：s="b"

3) 文字列.repeat(回数)　文字列を回数分コピーする。回数が0なら空（""）になる。

　　例：s="abc".repeat(3)　　　　　　　　結果：s="abcabcabc"

4) 文字列.indexOf("部分文字列")

　　文字列の中で部分文字列が始まる先頭位置を返す。見つからなければ-1を返す。

　　例：n="abcdef".indexOf("cd");　　結果：n=2　（0から数えて位置2から開始）

5) 文字列.slice(開始位置, 終了位置)　　部分文字列を作ります。

　　a）文字列の開始位置から、終了位置の前までを切り出します。

　　b）終了位置を省略すると、開始位置から末尾までを切り出します。

　　c）終了位置を書かずに開始位置にマイナス値を与えると末尾から切り出します。

　　例：s="abcdef".slice(0, 2);　　　　結果：s="ab"

　　　　s="abcdef".slice(1);　　　　　　結果：s="bcdef"

　　　　s="abcdef".slice(-2);　　　　　結果：s="ef"

6) 文字列.split("区切り文字")

　　文字列を区切り文字で分割して、先頭から順番に配列に格納します。英語の処理には便利ですが、日本語等の場合はデータを一定の文字で分かち書きしておく必要があります。

　　例：　w = "Practice makes perfect.".split(" ");

　　結果：w[0]="Practice"　　w[1]="makes"　　w[2]="perfect."

　　補足：splitの分割操作は配列操作のjoinで復元できます。

　　　　w = "Practice makes perfect.".split(" ");

　　　　s = w.join(" ");

16.2 英英辞典の解説文をテスト問題にする

　　次の文をランダムで選び、文中の単語をランダムで選び、先頭文字以外を下線にします。

1) Civil rights are rights to equal treatment, whatever your race, sex, or religion.

2) Peace is a state of undisturbed quiet and calm.

3) When you dream, you experience imaginary events in your mind while you are asleep.

　　(*Intermediate Learner's Dictionary 4th Edition*, Collins Cobuild 2018)　一部変更

　　出力例：P____ is a state of undisturbed quiet and calm.

english.html

```
1    <!DOCTYPE html>
2    <html lang="ja"><head><meta charset="UTF-8">
3    <title>英語テスト</title>
4    <link rel="stylesheet" href="css/default.css">
5    </head>
6    <body onload="data()">
7    <h1>English Test</h1>
```

```
8    <button onclick="english()">Test</button>
9    <p id="msg"></p>
10   <script>
11     let s = [];//データ配列
12   function english(){
13     let rs = Math.floor(Math.random()*s.length);//---文選択乱数
14     let w = s[rs].split(" ");//--------------------文を単語ごとに分割
15     let rw = Math.floor(Math.random()*w.length);//---単語選択乱数
16     if (w[rw].length > 3){
17        w[rw] = w[rw].charAt(0)+"_".repeat(w[rw].length-1);//問題化
18     }else{
19        w[rw] = "_".repeat(w[rw].length);//短い単語は頭文字ヒントなし。
20     }
21     let m = w.join(" ");//文を復元
22     document.getElementById("msg").innerHTML = m;
23   }
24   //データ
25   function data(){
26   s[0]="Civil rights are rights to equal treatment, whatever your
27   race, sex, or religion.";
28   s[1]="Peace is a state of undisturbed quiet and calm.";
29   s[2]="When you dream, you experience imaginary events in your mind
     while you are asleep.";
30   }
31   </script></body></html>
```

17. 検索・置換

　文字列の検索や置換はよく使う処理です。まず、通常の文字列の検索と置換を行い、正規表現を使用して一定のパターンをすべて検索・置換する方法を見てみます。

17.1　文字列の検索メソッドと置換メソッド

　1) 文字列.search(検索文字列)

　　文字列から検索文字列の始まる位置を返します。見つからなければ-1 を返す。

　　例："abcd".search("bc");　　　　　　結果：1 を返す。先頭は 0

　2) 文字列.replace(検索文字列, 置換文字列)

　　文字列に対して検索文字列を置換文字列に置換します。文字列の場合、置換は 1 回のみ。

　　例："abcd".replace("bc","cb");　　　　結果：acbd を返す。

17.2 正規表現 (Regular Expression)

正規表現とはパターン一致を行うための記号です。プログラミングに限らず、データベースやテキストエディタなどでも使えるので、ぜひ覚えましょう。

正規表現	意味	マッチするパターンの例
.	何か1文字	あ.い → あかい あおい等
*	直前の文字の0回以上の反復	あ.*?い → あまからい あい等
+	直前の文字の1回以上の反復	あ.+?い → あまからい あまい等
?	*と+の後に書く。最小範囲の意味	
[〜]	〜のどれか1文字	[あい]う → あう いう
[0-9]	半角数字	
[A-Z]	半角アルファベット大文字	
[a-z]	半角アルファベット小文字	
[^〜]	〜以外の文字	
{n}	直前の文字のn回の反復	[0-9]{7} → 7桁の数字
( )	グループ化	
A|B	AあるいはB	(私|彼) の (父|母)
\n または¥n	n番目の一致箇所と同じ文字	(.) (.)\1\2 → いろいろ等
^	行頭	
$	行末	

17.3 正規表現オブジェクトの作成

1) `let 正規表現オブジェクト名 = /正規表現/g;`

2) `let 正規表現オブジェクト名 = new RegExp("正規表現","gi");`

g オプションは複数回の検索置換を実行、i オプションは半角アルファベットの大文字・小文字を区別しません。変数から正規表現をつくるには `new RegExp(変数,オプション)` とします。

17.4 正規表現によるマッチ

変数 = 文字列.match(正規表現)　　※変数は自動的に配列になります。

例：`let re = new RegExp("0.+?0","g");`

　　`let t="電話番号は 0120-1111-2222 または 090-2222-1111 です";`

　　`n = t.match(re);`

結果：n[0]="0120"　n[1]="090"

17.5 正規表現による置換

変数 = 文字列.replace(正規表現, 文字列)

例：`let re = new RegExp("0.+?0","g");`

　　`let t="電話番号は 0120-1111-2222 または 090-2222-1111 です";`

　　`t = t.replace(re,"03");`

結果：電話番号は <u>03</u>-1111-2222 または <u>03</u>-2222-1111 です

17.6 KWIC（Key Word In Context）の作成

　正規表現の検索・置換などをつかって KWIC を制作してみましょう。KWIC とは検索キーワードの前後を切り取って検索結果の文脈を表示する索引です。

kwic.html

```
1   <!DOCTYPE html>
2   <html lang="ja"><head><meta charset="UTF-8">
3   <title>KWIC</title>
4   <link rel="stylesheet" href="css/kwic.css"></head>
5   <body>
6   <div>KWIC</div>
7   <div>
8   <textarea rows="10" cols="60" id="tx" placeholder="テキスト">
9   </textarea>
10  </div>
11  <div>
12  キーワード<input type="text" size="10" id="kw">
13  前後<input type="text" size="3" value="10" id="lt">文字
14  <button onclick="KWIC()">検索</button>
15  <button onclick="clearTxt()">クリア</button>
16  </div>
17  <p id="msg">ここに結果</p>
18  <script>
19  function KWIC(){
20  let t = document.getElementById("tx").value;//テキスト
21  let k = document.getElementById("kw").value;//検索ワード
22  let l = parseInt(document.getElementById("lt").value);//範囲
23  let re = new RegExp(k,"g");//正規表現
24  w = t.match(re);//正規表現マッチング
25  n=0;
26  let p=[];//位置配列
27  for(i=0;i<w.length;i++){
28   pp=t.indexOf(w[i],n);
29   p.push(pp);//一致位置格納
30   n = pp+1;//検索開始位置更新
31  }
32  ctxt="";//文脈リスト
33  for(i=0;i<w.length;i++){
34   ctxt += (i+1)+"." + t.slice(p[i]-l, p[i]);//前文脈
35   ctxt += "<span class='hit'>[ " + w[i] + " ]</span>";//一致箇所
36   ctxt += t.slice(p[i]+w[i].length, p[i]+w[i].length+l);//後文脈
37   ctxt += "<br>";
38  }
```

```
39    ms = w.length + "件の結果が見つかりました<br>" + ctxt;//メッセージ
40    document.getElementById("msg").innerHTML = ms;//表示
41    }
42    function clearTxt(){
43    document.getElementById("tx").value = "";//テキスト領域クリア
44    document.getElementById("kw").value = "";//キーワード領域クリア
45    document.getElementById("msg").innerHTML = "";//結果クリア
46    }
47    </script></body></html>
```

kwic.css　html ファイルの下位 css フォルダに保存

```
1    body{font-size:14pt; color:#000000; background-color:#FFFFFF;
2    padding:1em;}
3    button{font-size:12pt; color:#FFFFFF;background-color:#0000FF;}
4    input[type="text"]{font-size:12pt;        color:#800000;        background-
5    color:#F0F0F0;}
6    #tx{font-size:12pt; color:#0000FF; background-color:#F0F0F0;}
7    .hit{color:#FF0000;}
```

　ニュースや青空文庫の小説などのテキストデータを〝テキスト〟のエリアに貼り込んでみて、キーワード検索をかけてみてください。正規表現も使えます。

17.7　パブリック・ドメインとテキスト・マイニング

　著作権保護期間が満了した作品を〝パブリック・ドメイン〟といいます（日本の場合、作者の死後70年を過ぎた作品）。日本語のパブリック・ドメインのテキストデータは「青空文庫」等で公開されており、英語圏では Project Gutenberg 等で公開されています。

　テキストデータを使い、文書に使われている語彙を統計的に分析して有用な情報をとりだす手法を「計量文献学」、「計量言語学」、「テキスト・マイニング」等といいます。これらの手法は文学研究や贋作の発見などにも使われ、顧客による自由記述アンケートから製品の改良点を抽出するという試みもなされています。テキスト・マイニングの専門ツールとしては、KH-Coder（樋口耕一氏制作, 2001）などがあります。また、語彙分析はネットワーク図で表すことも少なくありません。この分野では Pajek や Gephi といったネットワーク可視化ソフトもあります（参考文献：村上征勝, 1994）。

18.　グラフィックス

　JavaScript でグラフィックス（画像）を描くには、キャンバス（紙にあたる）とコンテクスト（筆にあたる）の2つのオブジェクトが必要です。

18.1　グラフィックスを描く準備（1）　HTML でキャンバスをつくる

　まず、HTML にキャンバスを用意します。キャンバスには id 属性をつけておきます。

　　<canvas id="id名" width="〜px" height="〜px"></canvas>

キャンバスの width（幅）と height（高さ）はタグの属性に記述します。CSS に記述するとキャンバスの縦横比が狂うことがあります。

一般的にキャンバスの座標は（x 座標, y 座標）の順で、左上が（0, 0）です。

```
0, 0      …      100, 0

  ⋮                ⋮

0, 100    …    100, 100
```

18.2　グラフィックスを描く準備（2）　JavaScript でコンテクストを準備する

次に JavaScript でキャンバスとコンテクストをオブジェクトとして扱えるようにします。

・キャンバスのオブジェクト名 = document.getElementById("キャンバスの Id");

・コンテクスト名 = キャンバスのオブジェクト名.getContext("2d");

18.3　コンテクストのメソッド

コンテクストを操作してグラフィックスを描きます。

コンテクスト名.fillStyle="色彩"　　　　　　塗りつぶし色を指定する。

コンテクスト名.fillRect(x, y, 幅, 高さ)　　長方形（正方形や点を含む）を塗りつぶす。

コンテクスト名.clearRect(x, y, 幅, 高さ)　指定範囲を消去する。

コンテクスト名.beginPath()　　　　　　　　外形や線（パス）を開始する。

コンテクスト名.closePath()　　　　　　　　外形や線（パス）を終了する。

コンテクスト名.arc(中心座標x,中心座標y,半径,開始角度,終了角度,方向)

円弧を描く。角度はラジアン指定。つまり $360°$ は 2π（2*Math.PI）です。方向を省略した場合（デフォルト）は時計回りです。True を与えると反時計回りになります。

コンテクスト名.fill()　　　　　　　　　　　パス内部を塗りつぶす。

コンテクスト名.strokeStyle="色彩"　　　　　線の色彩を指定する。

コンテクスト名.lineWidth = 数　　　　　　　線の幅を指定する。ピクセル単位。

コンテクスト名.moveTo(x,y)　　　　　　　　パスの開始座標を指定する。

コンテクスト.lineTo(x,y)　　　　　　　　　線の終端座標を指定する。

コンテクスト名.stroke()　　　　　　　　　　外形を描く。

18.4　基本図形の描画

graphics001.html　キャンバス四隅に正方形を描き、中央に円を描画

```
1    <!DOCTYPE html>
2    <html lang="ja"><head><meta charset="UTF-8">
3    <title>グラフィックス</title>
4    <link rel="stylesheet" href="css/graphics.css"></head>
```

```
5    <body>
6    <canvas id="cv" width="400px" height="400px"></canvas>
7    <div><button onclick="graphics()">描画</button></div>
8    <script>
9      let c = document.getElementById("cv");//--------キャンバス
10     let ct = c.getContext("2d");//----------------コンテクスト
11   function graphics(){
12     ct.clearRect(0, 0, cv.width, cv.height);//描画消去
13     ct.fillStyle="#FF0000"; //---------塗りつぶしの色
14     ct.fillRect(0, 0, 50, 50); //------正方形描画1
15     ct.fillStyle="#0000FF";
16     ct.fillRect(350, 350, 50, 50); //--正方形描画2
17     ct.fillStyle="#00FF00";
18     ct.fillRect(0, 350, 50, 50); //----正方形描画3
19     ct.fillStyle="#FFFF00";
20     ct.fillRect(350, 0, 50, 50); //----正方形描画4
21     ct.beginPath();
22     ct.fillStyle="#FF00FF";
23     ct.arc(200,200,25,0,2*Math.PI);//--円の描画
24     ct.fill();
25     ct.closePath();
26   }
27   </script></body></html>
```

graphics.css html ファイルの下位 css フォルダに保存

```
1    body{font-size:14pt; color:#000000; background-color:#FFFFFF;
2    padding:1em;}
3    button{font-size:20pt; color:#FFFFFF; background-color:#0000FF;}
4    #cv{background-color:#000000;}
```

18.5 ループによる平面充填

二重ループを使ってキャンバスを縦横に 10 分割して 3 色で塗りわけましょう。

graphics002.html script タグ内部のみ 18.4 の CSS ファイルを使います。

```
14   <script>
15     let c = document.getElementById("cv");
16     let ct = c.getContext("2d");
17   function graphics(){
18     wx=parseInt(c.width/10);//-------------x 方向の分割幅
19     wy=parseInt(c.height/10);//------------y 方向の分割幅
20     f=0;//色彩変更用変数
21     for(y=0; y<c.height; y=y+wy){
22     for(x=0; x<c.height; x=x+wx){
23        if(f==0){ct.fillStyle="#FF0000";}//塗りつぶし色1
24        if(f==1){ct.fillStyle="#0000FF";}//塗りつぶし色2
```

```
25        if(f==2){ct.fillStyle="#FFFF00";}//塗りつぶし色3
26        ct.fillRect(x,y,wx,wy);//--------描画
27        f++;//-------------------------色彩変更
28        if(f>2){f=0;}//------------------フラグを初めにもどす
29     }// x ループ終わり
30     }// y ループ終わり
31   }
32   </script>
```

18.6　円グラフ

カンマで区切られたデータを円グラフとして表示してみましょう。

graphics003.html　18.4 の CSS ファイルを使用

```
1    <!DOCTYPE html>
2    <html lang="ja"><head><meta charset="UTF-8">
3    <title>円グラフ</title>
4    <link rel="stylesheet" href="css/graphics.css">
5    </head>
6    <body>
7    <canvas id="cv" width="400px" height="400px"></canvas>
8    <table><tr><td>
9    <textarea rows="2" cols="20" id="data">40,30,20,10</textarea></td>
10   <td><button onclick="graphics3()">描画</button></td></tr></table>
11   <script>
12     let c = document.getElementById("cv");
13     let ct = c.getContext("2d");
14   function graphics3(){
15     let d=document.getElementById("data").value;
16     let dd=d.split(",");
17     let p=[];
18     let sum=0;
19        for(i=0; i<dd.length; i++){sum += parseFloat(dd[i]);}
20        for(i=0; i<dd.length; i++){p[i]=dd[i]/sum*360;}
21     let f=0;
22     let st=-90*(Math.PI/180);//------------------開始角度
23        for(let i=0; i<dd.length; i++){
24            if(i==dd.length-1 && f==0){f=1;}//---最初と最後を違う色に
25            if(f==0){ct.fillStyle="#FF0000";}
26            if(f==1){ct.fillStyle="#FFFF00";}
27            if(f==2){ct.fillStyle="#0000FF";}
28            ct.beginPath();
29            ed = st + p[i]*(Math.PI/180);
30            ct.moveTo(c.width/2, c.height/2);
31            ct.arc(c.width/2, c.height/2, 180, st, ed);
```

```
32              ct.lineTo(c.width/2, c.height/2);
33              ct.fill();
34              ct.closePath();
35              st = ed;
36              f++;
37              if(f>2){f=0;}
38          }
39      }
40  </script></body></html>
```

18.7　正規分布にしたがう乱数　ボックス＝ミュラー法

通常の乱数は一様に分布しますが、これを平均付近の出現確率が高くなる正規分布にしたがうように変換してキャンバスに 10 万個の点をプロットしましょう。コメントアウトを変更し、一様乱数と正規分布にしたがう乱数との結果も比較してみてください。

graphics004.html

```
1   <!DOCTYPE html>
2   <html lang="ja"><head><meta charset="UTF-8">
3   <title>グラフィックス</title>
4   <link rel="stylesheet" href="css/graphics.css">
5   </head>
6   <body>
7   <canvas id="cv" width="400px" height="400px"></canvas>
8   <div><button onclick="graphics4()">描画</button></div>
9   <script>
10    let c = document.getElementById("cv");
11    let ct = c.getContext("2d");
12  //描画関数
13  function graphics4(){
14        let x, y, i;
15        ct.fillStyle = "white";
16    for(i=0; i<100000; i++){
17        //x = Math.floor(Math.random()*c.width);//一様乱数
18        //y = Math.floor(Math.random()*c.height);//一様乱数
19        x = Math.floor(rnorm()*c.width);//正規化乱数
20        y = Math.floor(rnorm()*c.height);//正規化乱数
21        ct.fillRect(x, y, 1, 1);//点を描く
22    }
23  }
24  //正規分布にしたがう乱数
25  function rnorm(){
26    r = Math.sqrt(-2*Math.log(Math.random()));
27    r = r*Math.sin(2*Math.PI*Math.random());
28    r = (r+3)/6;
```

```
29      return r;
30    }
31  </script></body></html>
```

18.8　インターバル処理でアニメーションを描く

　インターバル処理とは一定の時間間隔で処理を繰り返すことです。これを使ってキャンバスの描画消去と描画を繰り返せば、アニメーションを描くことができます。

　1）インターバルのセット　　インターバル Id = window.setInterval(呼出関数, ミリ秒)

　2）インターバル処理の停止　window.clearInterval(インターバル Id)

18.9　移動方向の反転

　アニメーション処理では消去と描画の間に座標変更を行って動いているように見せますが、この時、座標の変更量（移動量）を変数としておくと便利です。描画座標がキャンバスの範囲をはみ出したかを if 文で判定して、変更量に-1 を乗算すれば〝はね返った〟ように見えます。

　アニメーション処理にはこのようにキャンバスをはみ出さないようにする工夫が必要です。

18.10　ビリヤードのボールの動き

　インターバル処理を使い、簡単なアニメーションを描いてみましょう。

animation001.html

```
1   <!DOCTYPE html>
2   <html lang="ja"><head><meta charset="UTF-8">
3   <title>アニメーション 1</title>
4   <link rel="stylesheet" href="css/graphics.css"></head>
5   <body>
6   <canvas id="cv" width="600px" height="400px"></canvas>
7   <div><button onclick="animation()">Go</button>
8   <button onclick="stop()">Stop</button></div>
9   <script>
10    let c = document.getElementById("cv");//----------キャンバス
11    let ct = c.getContext("2d");//--------------------コンテクスト
12    let x = c.width/2 + Math.floor(Math.random()*201) - 100;//x 初期値
13    let y = c.height/2 + Math.floor(Math.random()*201) -100;//y 初期値
14    let mx = 4;//---------x 変更量
15    let my = 4;//---------y 変更量
16    let r = 20;//--------円の半径
17    let sw =1;//---------インターバル再代入防止フラグ
18  function animation(){
19    if(sw == 1){an = window.setInterval(draw,20); sw=0;}//毎秒 50 枚
20  }
21  function stop(){window.clearInterval(an);sw=1;}
22  function draw(){
```

```
23    ct.clearRect(0, 0, c.width, c.height);//----キャンバスクリア（消去）
24    ct.fillStyle = "#00FFFF";//---------色
25    ct.beginPath();
26    ct.arc(x, y, r, 0, 2*Math.PI);//円の描画
27    ct.fill();
28    ct.closePath();
29    x = x + mx; //--------x 座標変更
30    y = y + my; //--------y 座標変更
31    if(x <= r || x >= c.width - r){mx=mx*-1;}  //---壁で変更量符号反転
32    if(y <= r || y >= c.height - r){my=my*-1;}  //---壁で変更量符号反転
33  }
34  </script></body></html>
```

18.11　回転運動

円運動を表現してみましょう。これは時針の表現などに応用できます。

animation002.html　18.10 の名前を変えて保存　スクリプト部分のみ

```
10  <script>
11    let c = document.getElementById("cv");//---キャンバス
12    let ct = c.getContext("2d");//-------------コンテクスト
13    let cx = parseInt(c.width/2);//----変更 キャンバス中央
14    let cy = parseInt(c.height/2);//---変更 キャンバス中央
15    let r = 10; //-------------------------円の半径
16    let rr = 180;//--------------------変更 円運動半径
17    let dg = 0; //--------------------変更 開始角度
18    let sw = 1;//インターバル再代入防止
19  function animation(){
20     if (sw == 1){an = window.setInterval(circle,20); sw=0;}
21  }
22  function stop(){window.clearInterval(an);sw=1;}
23  function circle(){
24    ct.clearRect(0, 0, c.width, c.height);
25    ct.fillStyle = "#FFFFFF";
26    ct.beginPath();
27    x= rr * Math.cos(dg * Math.PI / 180) + cx;//x 座標
28    y= rr * Math.sin(dg * Math.PI / 180) + cy;//y 座標
29    ct.arc(x, y, r, 0, 2*Math.PI);
30    ct.fill();
31    ct.closePath();
32    dg++;//角度増加
33    if(dg >= 360){dg = 0;}//一周したら角度をリセット
34  }
35  </script>
```

19. オブジェクトとクラス

　ここではオブジェクトをプログラミングで作成し、クラスからインスタンスを作ってみます。これまでに言及した文字列や日付などもオブジェクトです。

19.1 オブジェクトのプロパティとメソッド

　オブジェクトはプロパティ（属性）とメソッド（機能）をもちます。プロパティはドット以下で値を参照できます。メソッドはドット以下で処理を行うもので、()がついていて引数を与えます。

19.2 オブジェクトの作成

　プログラミングでオブジェクトを扱う場合は、以下のようにします。

　　　オブジェクトの宣言　　　：オブジェクト名 = {};
　　　値のセット　　　　　　　：オブジェクト{プロパティ1:値, プロパティ2:値}
　　　代入　　　　　　　　　　：オブジェクト. プロパティ = 値;

　プログラミングでオブジェクトを作る場合は1つの対象がいくつか属性（データ）をもっている場合が多いです。これを〝連想配列〟や〝構造体〟という場合もあります。

　例としてトランプで考えてみましょう。一枚のカードはマーク、表示用の数（A, 2, 3……10, J, Q, K）、役などの中で扱われる数（1, 2, 3…10, 11, 12, 13）、色（黒・赤）をもっています。これらは一枚のカードに対するプロパティと考えることができます。このように属性の束をまとめて扱えるという点でオブジェクトの考え方は便利です。

19.3 クラスとインスタンス

　〝クラス〟とはオブジェクトの〝設計書〟です。クラスをもとに作られたオブジェクトを〝インスタンス〟といいます。クラスにはコンストラクタ（constructor）という部分があり、初期データをセットし、引数を与えることもできます。クラスにはメソッドを定義することもできます。クラス名とインスタンス名は混乱を避けるため、クラス名を大文字で始め、インスタンス名を小文字で始める慣習があります。

```
クラスの定義のしかた
class クラス名{
  constructor(引数) {
     this.プロパティ名=値;
  }
  メソッド名(引数) {
     処理;
  }
}
```

　this は書かれた場所によって値を変えるオブジェクトです。概ね this が書かれた場所の上位オブジェクトのことです。

インスタンスは new で作ります。作成時にはコンストラクタの値がセットされます。

　　インスタンス名 = new クラス名(引数);

19.4　トランプのクラス

トランプのカードのクラスからインスタンスをつくり、表示してみましょう。

card001.html

```
1   <!DOCTYPE html>
2   <html><head><meta charset="UTF-8">
3   <title>Playing cards</title>
4   <style>
5     body{background-color:#FFFFFF; color:#000000; padding:14pt;}
6     button{background-color:#0000FF; color:#FFFFFF; font-size:20pt;}
7     th{width:60px; height:80px; border:double #000000 4px;
8       font-size:24pt;}
9   </style></head>
10  <body>
11  <button onclick="makeCards()">表示</button>
12  <div id="msg"></div>
13  <script>
14  //カードクラス
15  class Card {
16    constructor(st,n1,n2,cl) {
17      this.suit = st;//マーク
18      this.num1 = n1;//表示用数字
19      this.num2 = n2;//数値
20      this.color= cl;//色
21    }
22  }
23  //カード表示
24  function makeCards(){
25    card=new Card("♠","A",1,"black");//スペード文字がない場合はＳと入力
26    let m = "<table>"
27    m += "<tr><th><font color='" + card.color + "'>";
28    m += card.suit + card.num1 + "</th></tr>";
29    m += "</table>";
30    document.getElementById("msg").innerHTML = m
31  }
32  </script></body></html>
```

19.5　クラスの継承

　　継承とはすでに存在するクラスのプロパティやメソッドを引き継ぐことです。元になるクラスをスーパークラスや親クラスと言い、継承したクラスのことをサブクラスや派生クラスと言います。

extends を使って既存のクラスを書き換えることができます。

　　　class サブクラス名 extends スーパークラス名{

　　　　　　　constructor やメソッドなど

　　　}

　学校のスタッフのクラスを作成し、これをスーパークラスとし、継承を使って教員クラスを作成してみましょう。

staff.html

```
1   <!DOCTYPE html>
2   <html lang="ja"><head><meta charset="utf-8">
3   <title>クラス</title>
4   <link rel="stylesheet" href="css/default.css"></head>
5   <body><button onclick="person()">クラス表示</button>
6   <div id="msg"></div>
7   <script>
8   class Staff {
9     constructor(n,g,y) {
10      this.name = n;//名前
11      this.gender = g;//性
12      this.birthYear = y;//生年
13    }
14    age() {
15      let now = new Date();//年齢メソッド、生年から年齢を計算
16      let age = now.getFullYear() - this.birthYear;
17      return age + "歳";
18    }
19  }//クラス終了
20  class Teacher extends Staff {
21    constructor(n,g,y,s){
22      super(n,g,y);//スーパークラスのコンストラクタ
23      this.subject = s;//Staff クラスに教科を追加
24    }
25  }//継承
26  function person(){
27    let m;
28    let s = new Staff("田中一郎", "男性", 1999);//職員
29    m = s.name + ", " +s.gender + ", " + s.age()+"<br>";
30    document.getElementById("msg").innerHTML = m;
31    let t = new Teacher("山田花子","女性",1980,"国語");//教員
32    m = t.name + ", "+ t.gender + ", " + t.age()+", " + t.subject;
33    document.getElementById("msg").innerHTML += m+"<br>";
34  }
35  </script></body></html>
```

19.6　ブラックジャック

ここまで学習した要素を使い、カード・オブジェクトでブラックジャックを作成しましょう。

カードゲームには複雑なルールがありますが、ここでプログラミングする部分は以下です。

① 残りチップから賭け金を賭けるとゲームを開始し、 残りチップが 0 の時に負けるとゲームオーバーとなる。チップがマイナスになる場合は賭けられない。

② 合計 21 を超えないようにコンピュータとプレイヤーがカードの合計数を競う。21 を超えると Bust となる。

③ カードは 2〜10 がカードにかかれた数をそのまま数え、J,Q,K はすべて 10 として数える。A は 1 か 11 でどちらか有利な方をとれる。

④ 始めに 2 枚カードが配られる。プレイヤーは勝負したい数になるまでカードを引ける。コンピュータの手札は最初の 2 枚のカードのうち 1 枚しか表示されず、プレイヤーが勝負するカードを決めたら、17 以上になるまでカードを引かねばならない。

⑤ プレイヤーの勝利条件は双方が 21 以下でコンピュータより 21 に近い時か、コンピュータだけが Bust した時である。プレイヤーが Bust すれば負けが確定する。

⑥ プレイヤーの手札が 21 未満で勝利した時は賭け金が 2 倍になって残りチップに加算され、プレイヤーが 21 で勝利したときは賭け金が 3 倍になって残りチップに加算される。プレイヤーが負けた場合は賭け金をそのまま失う。

blackjack.html

```
1   <!DOCTYPE html>
2   <html><head><meta charset="utf-8">
3   <title>Black Jack</title>
4   <style>
5     body{background-color:#FFFFFF;color:#000000;padding:14pt;
6         font-size:20pt;}
7     button{background-color:#0000FF;color:#FFFFFF;font-size:20pt;}
8     th{width:80px;height:100px;border:double #000000 4px;
9         font-size:20pt}
10    #bet{color:#FF0000;font-size:20pt;border:solid #800000 4px;
11        text-align:center;}
12    .title{font-size:24pt;}
13  </style></head>
14  <body>
15    Bet<input type="text" id="bet" size="4">
16    <button onclick="startGame()" id="game">開始</button>
17    <button onclick="hit()" id="hit">カードを引く</button>
18    <button onclick="stand()" id="stand">勝負する</button>
19    <div id="cc"></div>
20    <div id="cp"></div>
21    <div id="chip"></div>
```

```
22      <div id="msg"></div>
23    <script>
24    let cards = [];//----インスタンス用配列
25    let hdp = [];//------プレイヤー手札
26    let hdc = [];//------コンピュータ手札用配列
27    let chip = 10;//-----チップ初期値
28    let bet = 0;//-------賭けるチップ
29    buttonView("visible","hidden","hidden");//ボタン初期化
30    dispChip(chip);//チップ表示
31    //カードクラス
32    class Card {
33    constructor(mk,n1,n2,cl) {
34      this.suit = mk;//マーク
35      this.num1 = n1;//表示用数
36      this.num2 = n2;//数
37      this.color= cl;//色
38    }
39    }
40    //チップ表示
41    function dispChip(chip){
42      document.getElementById("chip").innerHTML="チップ"+chip+"枚";
43    }
44    //ボタンのオン・オフ
45    function buttonView(sw1,sw2,sw3){
46      document.getElementById("game").style.visibility = sw1;
47      document.getElementById("hit").style.visibility = sw2;
48      document.getElementById("stand").style.visibility = sw3;
49    }
50    //ゲームスタート
51    function startGame(){
52      bet=parseInt(document.getElementById("bet").value);
53      if(bet>=1 && bet <=chip && chip-bet>=0){
54        document.getElementById("cc").innerHTML="";
55        document.getElementById("cp").innerHTML="";
56        document.getElementById("msg").innerHTML="";
57        chip = chip-bet;//----チップ支払い
58        dispChip(chip);
59        makeCards();
60      }else{
61        document.getElementById("msg").innerHTML="bet できません";
62      }
63    }
64    //カード作成
```

```
65    function makeCards(){
66        const nn="A,2,3,4,5,6,7,8,9,10,J,Q,K";
67        let n=nn.split(",");
68        cards=[];//カード配列クリア
69        hdp = [];//プレイヤー手札クリア
70        hdc = [];//コンピュータ手札用配列クリア
71        for(i=0;i<13;i++){cards.push(new Card("♠",n[i],i+1,"black"));}
72        for(i=0;i<13;i++){cards.push(new Card("♥",n[i],i+1,"red"));}
73        for(i=0;i<13;i++){cards.push(new Card("♦",n[i],i+1,"red"));}
74        for(i=0;i<13;i++){cards.push(new Card("♣",n[i],i+1,"black"));}
75        shuffle(cards,100);
76        makeHand(cards,2);
77    }
78    //カードシャッフル
79    function shuffle(cards,n){
80        let r,w = 0;
81        for(i=0;i<n;i++){
82            r=Math.floor(Math.random()*cards.length);
83            w=cards[r];//乱数で選んだカードを保存
84            cards.splice(r,1);//乱数で選んだカードを削除
85            cards.push(w);//保存カードを配列末尾に加える
86        }
87    }
88    //手札作成
89    function makeHand(cards,n){
90        for(i=0;i<n;i++){hdp.push(cards[0]); cards.shift();}
91        for(i=0;i<n;i++){hdc.push(cards[0]); cards.shift();}
92            showHand(hdp,0);//プレイヤー手札表示
93            showHand(hdc,1);//コンピュータ手札表示 (1枚のみ)
94    }
95    //手札表示
96    function showHand(hd,sw){
97        let v="";
98        let vc="";
99        let m = "<table><tr>";
100       for(let i=0; i<hd.length ;i++){
101           if(sw==1 && i>0){v = "?"; vc = "black"}
102             else{v = hd[i].suit+hd[i].num1; vc = hd[i].color;}
103           m += "<th><font color='"+vc+"'>"+v+"</font></th>";
104       }
105       m += "</tr></table>";
106       let idn="";
107       let ms="";
```

```
108    if(sw==0){idn="cp"; ms="You";}//プレイヤー用
109    if(sw==1 || sw==2){idn="cc"; ms="Com";}//コンピュータ用
110    document.getElementById(idn).innerHTML = ms + m;//表示
111    buttonView("hidden","visible","visible");//ボタン表示
112   }
113   //手札計算
114   function score(hd){
115     let t = 0;
116     for(let i = 0; i < hd.length; i++){
117       if(hd[i].num2 >= 2 && hd[i].num2 <= 10){t = t + hd[i].num2;}
118       if(hd[i].num2 >= 11){t = t + 10;}
119     }//エース以外の合計
120     let ace = 0;//エース枚数
121     let ta = 0;//合計1
122     let tb = 0;//合計2
123     for(i=0; i < hd.length; i++){ if(hd[i].num2==1){ace++;} }
124       if (ace == 1){ta=t+1; tb=t+11;} //エース1枚の時の合計
125       if (ace == 2){ta=t+2; tb=t+12;} //エース2枚の時の合計
126       if (ace == 3){ta=t+3; tb=t+14;} //エース3枚の時の合計
127       if (ace == 4){ta=t+4; tb=t+15;} //エース4枚の時の合計
128       if (ta>21 || tb>21){t=ta;}//合計1,2どちらかBustの時は小さい方
129       if(21-ta < 21-tb && ta<=21 && tb <=21){t=ta;}//21に近い方
130       if(21-ta > 21-tb && ta<=21 && tb <=21){t=tb;}//21に近い方
131     return t;//合計返値
132   }
133   //プレイヤーの手札を足す
134   function hit(){
135     hdp.push(cards[0]);
136     cards.shift();
137     showHand(hdp,0);
138   }
139   //勝負
140   function stand(){
141     let psc=score(hdp);//プレイヤー合計
142     let csc=score(hdc);//コンピュータ合計
143     while(csc < 17){
144     hdc.push(cards[0]);
145      cards.shift();
146      csc = score(hdc);
147     }//コンピュータの手札補充
148    showHand(hdc,2);//コンピュータ手札表示（すべて）
149    let m="";
150    let f=0;//勝敗フラグ
```

```
151    if(psc>21){m +="You: "+psc+" <font color='red'>Bust!</font>";}
152      else{m += "You: "+ psc;}
153    if(csc>21){m+=" / Com: "+csc+"<font color='red'>Bust!</font>";}
154        else{m += " / Com: "+csc;}
155    if(psc > csc && psc <= 21 && csc<=21){f=1;}//Bust なしの勝利
156    if(psc <= 21 && csc > 21){f=1;}//Com だけ Bust
157    if(f==1){
158        m += " <font color='blue'>You win!</font>";
159        if (psc == 21){bet = bet *3;}else{bet=bet *2;}
160        chip = chip + bet;
161    }//プレイヤー勝ち
162    if(f==0){
163        m += " <font color='red'>You lose!</font>";
164        if(chip<=0){m +=" <font color='red'>Game Over!</font>";}
165    }//プレイヤー負け
166    document.getElementById("msg").innerHTML=m;
167    dispChip(chip);
168    buttonView("visible","hidden","hidden");
169  }
170  </script></body></html>
```

20. 再帰呼出

再帰呼出とは関数内部からその関数自身を呼び出すことです。処理を短く書くことができます。

20.1　再帰呼出関数の基本的な書き方

再帰処理には必ずベースケースを書きます。ベースケースとは引数が一定の値になったときにする処理で関数全体が終了するように書かねばなりません。

```
function 関数名 a(引数 x){

    if (x==0){return 返値;} //----ベースケース：関数 a を抜ける処理

   関数名 a (x-1);  // ----再起処理：関数 a 自身を引数(x-1)で呼び出す

}
```

20.2　基本例1　再帰呼出によるカウントダウン

recursive001.html

```
1  <!DOCTYPE html>
2  <html><head><meta charset="UTF-8">
3  <title>Recursive function1</title>
4  <link rel="stylesheet" href="css/default.css">
5  </head>
6  <body>
```

```
7   <button onclick="countdown(3)">カウントダウン</button>
8   <p id="msg"></p>
9   <script>
10  function countdown(n){
11  document.getElementById("msg").innerHTML += n+", ";//--表示
12  if(n<=0){return;}//-----------------------------------ベースケース
13  countdown(n-1);//-------------------------------再帰呼出
14  }
15  </script></body></html>
```

20.3　基本例2　フィボナッチ数列

フィボナッチ数列は 1, 1, 2, 3, 5……という数列で、前の 2 項を足した数を順次作っていく数列です。この数列は 100 番目で 354224848179261915075 という膨大な数になります。ここでは 20 番目までのフィボナッチ数列を再帰呼出で出力してみましょう。

recursive002.html

```
1   <!DOCTYPE html>
2   <html><head><meta charset="UTF-8">
3   <title>Recursive function 2</title>
4   <link rel="stylesheet" href="css/default.css"></head>
5   <body>
6   <button onclick="main(20)">フィボナッチ数列</button>
7   <p id="msg"></p>
8   <script>
9   let c = 0;//カウンタ
10  //出力
11  function main(n){
12    for(i=1; i<=n; i++){
13      c=0;
14      document.getElementById("msg").innerHTML
15      += "<font color='blue'>" + fibo(i) + "</font>(" + c + "回), ";
16    }
17  }
18  //n 番目のフィボナッチ数を計算する
19  function fibo(n){
20    c++;//カウンター
21    if(n <= 2){return 1;}//-----------ベースケース
22    return fibo(n-1) + fibo(n-2); //--再帰呼出
23  }
24  </script></body></html>
```

20 番目のフィボナッチ数の計算に再帰呼出は 13529 回行われます。パソコンでは一瞬で計算されたようにみえますが、これはとても多い計算量です。

20.4　メモ化

　フィボナッチ数列などの計算を高速化する手法にメモ化があります。メモ化とは計算過程を配列などに記憶し、すでに計算した数ならメモの内容を返すという考え方です。

recursive003.html

```
8    <script>
9    let c=0;//------カウンタ
10   let m=[];//----メモ配列
11   function main(n){
12     for(i=1; i<=n; i++){
13       c=0;
14       document.getElementById("msg").innerHTML
15       += "<font color='blue'>" + fibo(i) + "</font>(" + c + "回), ";
16     }
17   }
18   function fibo(n){
19         c++;
20         if(n <= 2){return 1;}//------------------ベースケース
21         if(m[n] != undefined){ return m[n]; }//---メモ内容を返す
22         m[n] = fibo(n-1) + fibo(n-2); //--------再帰呼出
23         return m[n];
24   }
25   </script>
```

20.5　コッホ雪片

　1904 年、スウェーデンの数学者ヘルゲ・フォン・コッホ（1870-1924）は自己相似図形（フラクタル図形）を考案しました。これは与えられた線分を三等分して中央に正三角形を作る作業を反復して得られる図です。コッホ曲線を三角形につなげた図形がコッホ雪片です。

koch.html

```
1    <!DOCTYPE html>
2    <html lang="ja"><head><meta charset="UTF-8">
3    <title>コッホ雪片</title>
4    <style>
5        body{background-color:#FFFFFF; padding:1em;}
6        button{font-size:20pt; background-color:#0000FF; color:#FFFFFF;}
7        select{font-size:20pt; vertical-align:middle; width:3em;}
8        #cv{background-color:#000000;}
```

```
9    </style></head>
10   <body>
11   <div><canvas id="cv" width="400" height="400"></canvas></div>
12   <div>レベル<select id="lvl">
13     <option value="0">0</option>
14     <option value="1">1</option>
15     <option value="2" selected>2</option>
16     <option value="3">3</option>
17     <option value="4">4</option>
18     </select>
19   色彩<select id="cl">
20     <option value="#FFFFFF" selected>白色</option>
21     <option value="#00FFFF">水色</option>
22     <option value="#00FF00">緑色</option>
23     <option value="#FFFF00">黄色</option>
24     </select>
25   <button onclick = "main()">コッホ雪片</button>
26   </div>
27   <script>
28     let cv = document.getElementById("cv");//キャンバス
29     let ct = cv.getContext("2d");//コンテキスト
30     let c;//線の色彩
31   //線を引く
32   function line(x1, y1, x2, y2, c){
33     ct.lineWidth = 2;
34     ct.strokeStyle = c;
35     ct.beginPath();
36     ct.moveTo(x1, y1);
37     ct.lineTo(x2, y2);
38     ct.stroke();
39     ct.closePath();
40   }
41   function main() {
42     let xo1, yo1, xo2, yo2, xo3, yo3, mgn, cx, cy;//元三角形座標
43     ct.clearRect(0, 0, cv.width, cv.height);//キャンバス消去
44     d = parseInt(document.getElementById("lvl").value);//レベル
45     c = document.getElementById("cl").value;//色
46     mgn = 0.10;//余白%
47     cx = cv.width / 2;
48     cy = cv.height / 2;
49     xo1 = cx;
50     yo1 = cy * mgn;
51     xo2 = cx + (cy - yo1) / 2 * Math.sqrt(3);
```

```
52      yo2 = cy + (cy - yo1) / 2;
53      xo3 = cx - (cy - yo1) / 2 * Math.sqrt(3);
54      yo3 = cy + (cy - yo1) / 2;
55      //最初の三角形を描く
56      if (d == 0){
57        line(xo1, yo1, xo2, yo2, c);
58        line(xo2, yo2, xo3, yo3, c);
59        line(xo3, yo3, xo1, yo1, c);
60      }else{
61        KC(xo1, yo1, xo2, yo2, d-1); //コッホ曲線 以下右回りに点を指定
62        KC(xo2, yo2, xo3, yo3, d-1);
63        KC(xo3, yo3, xo1, yo1, d-1);
64      }
65    }
66    //コッホ曲線
67    function KC(x1, y1, x2, y2, d){
68      let xa, ya, xb, yb, xc, yc, sg;//ポイント
69      let l = Math.sqrt((x2-x1)**2 + (y2-y1)**2);//線分の長さ
70      let sc = 1/3 * l;//線分の三分割
71      let t = Math.atan((y2-y1) /(x2-x1));//線分の傾き
72      if (x1 >= x2){sc *= -1;}
73      xa = sc * Math.cos(t) + x1;//始点から1/3点
74      ya = sc * Math.sin(t) + y1;//始点から1/3点
75      xb = sc * Math.cos(t - Math.PI/3) + xa;//頂点
76      yb = sc * Math.sin(t - Math.PI/3) + ya;//頂点
77      xc = -sc * Math.cos(t) + x2;//終点から1/3点
78      yc = -sc * Math.sin(t) + y2;//終点から1/3点
79      if (d == 0){
80        line(x1, y1, xa, ya, c); //ベースケース
81        line(xa, ya, xb, yb, c);
82        line(xb, yb, xc, yc, c);
83        line(xc, yc, x2, y2, c);
84        return;
85      }
86      if (d > 0){
87        KC(x1, y1, xa, ya, d-1); //再帰呼出
88        KC(xa, ya, xb, yb, d-1);
89        KC(xb, yb, xc, yc, d-1);
90        KC(xc, yc, x2, y2, d-1);
91      }
92    }
93    </script></body></html>
```

パートIII　実践

英語学習ツール

1. 単語帳

　英語の単語と日本語の意味を切り替えて表示するプログラムを作りましょう。ここでは、ローカル・ストレージ機能を使ってみましょう。データの形式は以下とします。

　　データ形式　：　英単語/和訳;

1.1　ローカル・ストレージ

　ローカル・ストレージはブラウザにデータを保存する機能です。個人情報などを保存することはセキュリティ上避けた方がよいですが、ブラウザを閉じても情報が残る点は便利です。容量は5MB程度（UTF-8の日本語テキストで166万字程度）です。基本的操作は以下です。

```
localStrage.setItem("キー名", "内容");//ローカル・ストレージに保存
localStrage.getItem('キー名'); //ローカル・ストレージを読み出し
localStorage.removeItem("キー名");//ローカル・ストレージのデータを削除
```

1.2　完成イメージ

(1)データの保存（edit ボタンを押す）

(2) 表 Side A の表示

(3) [turn] ボタンで Side B を表示

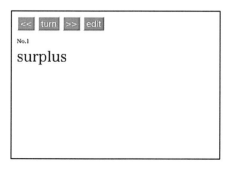

1.3　制作例 wordcards.html

```
1    <!DOCTYPE html>
2    <html lang="ja"><head><meta charset="utf-8">
3    <title>単語帳</title>
4    <style>
5      body{font-size:14pt; color:#000000; background-color:#FFFFFF;
6          padding:1em;}
7      button{font-size:20pt; color:#FFFFFF; background-color:#0000FF;}
8      #data{font-size:20pt; color:#0000FF;}
9      .no{font-size:12pt; color:#000000;}
10     .card{font-size:32pt; color:#000080;}
11     .guide{font-size:12pt;color:#FF0000;}
12   </style></head>
13   <body onload="showCards(0)">
14   <div>
15     <button onclick="moveCard(-1)"> << </button>
16     <button onclick="turnSides()">turn</button>
17     <button onclick="moveCard(1)"> >> </button>
18     <button onclick="editCards()">edit</button>
19   </div>
20   <p id="msg"></p>
21   <script>
22   let eoc = 0;//-----カード枚数
23   let n = 0;//-------カード No.
24   let s = 0;//-------0:side A, 1:side B
25   let c = [];//------カード配列
26   //カード表示
27   function showCards(s){
28     let d = localStorage.getItem("wordCards");
29     if(d === null || d === ""){error("データなし");}
30     else{
31       c=d.split(";");
32       if(c[c.length-1]==""){c.pop();}//最後が空なら削除する
33       eoc = c.length;//カード枚数
34       soc=c[n].split("/");//soc[0]:side A, soc[1]:side B
35       m = "<div class='no'>No."+(n+1)+"</div>";
36       m += "<div class='card'>"+soc[s]+"</div>";
37       document.getElementById("msg").innerHTML = m;
38     }
39   }
40   //カードをめくる
41   function turnSides(){
42     if(s==1){s = 0;}else{s=1;}
```

```
43      showCards(s);
44    }
45    //カード移動
46    function moveCard(f){
47      n = n + f;//f は 1 か-1
48      if(n >= eoc){n = 0;}//最後のカードなら最初に移動
49      if(n < 0){n = eoc-1;}//最初のカードなら最後に移動
50      showCards(s);
51    }
52    //カード編集
53    function editCards(){
54      let d = localStorage.getItem("wordCards");
55      if(d == null){d = "";}
56      m="<div class='guide'>SideA/SideB; の形式で入力してください。</div>";
57      m += "<textarea rows='8' cols='30' id='data'>"+ d;
58      m += "</textarea><br>";
59      m += "<button onclick='saveData()'>保存</button>";
60      m += "<button onclick='removeData()'>すべて削除</button>";
61      document.getElementById("msg").innerHTML = m;
62    }
63    //データ保存
64    function saveData(){
65      let d = document.getElementById("data").value;
66      localStorage.setItem("wordCards",d);
67      n = 0;
68      m="保存しました。<button onclick='showCards(0)'>OK</button>";
69      document.getElementById("msg").innerHTML = m;
70    }
71    //データ削除
72    function removeData(){
73      localStorage.removeItem("wordCards");
74      m = "削除しました。";
75      document.getElementById("msg").innerHTML = m;
76    }
77    //エラーメッセージ
78    function error(m){document.getElementById("msg").innerHTML = m;}
79    </script></body></html>
```

1.4 改造点

SideC を追加し、単語・和訳・例文を格納し、表示できる単語帳につくり変えなさい。

2. 穴埋め問題

　英語のことわざを穴埋めにして出題するプログラムをつくりましょう。以下の10問を無作為に並べ替え、ランダムに抜いた単語をテキストボックスにして採点機能もつけます。

1. A journey of thousand miles begins with a single step.

2. Better late than never.

3. Don't judge a book by its cover.

4. Easy come, easy go.

5. Honesty is the best policy.

6. Learn to walk before you run.

7. Rome wasn't built in a day.

8. Strike while the iron is hot.

9. The early bird catches the worm.

10. The pen is mightier than the sword.

2.1　完成イメージ

出題	採点	

1. Learn to walk before you　　run　　・　　　○
2. A journey of thousand　　miles　　begins with a single step.　○
3. The　　early　　bird catches the worm.　○
4. Better late　　than　　never.　○
5. Honesty is the best　　policy　　・　○
6. Rome wasn't　　built　　in a day.　○
7. The　　pen　　is mightier than the sword.　○
8. 　　Easy　　come, easy go.　○
9. Strike while the iron is　　hot　　・　○
10. Don't judge a　　by its cover.　×book

9点 /10問

2.2　制作例　closetest.html

```
1  <!DOCTYPE html>
2  <html lang="ja"><head><meta charset="utf-8">
3  <title>英語のことわざテスト</title>
4  <style>
5     body{font-size:14pt; color:#000000; background-color:#FFFFFF;
```

```
6            padding:1em;}
7      button{font-size:20pt; color:#FFFFFF; background-color:#0000FF;}
8      table{width:70%; height:50%; font-size:14pt; color:#000000;
9            border-collapse:collapse; }
10     tr{border-bottom: dotted 1px #808080;}
11     .pl{color:#0000FF; font-size:14pt; width:8em; text-align:center;}
12      #score{font-size:24pt; color:#FF0000;}
13   </style></head>
14   <body>
15   <div>
16     <button onclick="question()"> 出題 </button>
17      <button onclick="check()"> 採点 </button>
18   </div>
19   <div id="msg"></div>
20   <div id="score"></div>
21   <script>
22     let d = [];//データ配列
23     let a = [];//解答配列
24   function question(){
25     let r, m, w, pn;
26     m = "<table>";
27         for(i=0; i < d.length; i++){
28             w = d[i].split(" ");//--------------------単語分割
29             r = Math.floor(Math.random()*w.length);//--出題単語
30             pn = w[r].match(/[.,;:?!]/);//--------ピリオド等処理
31             w[r] = w[r].replace(/[.,;:?!]/, "");//ピリオド等処理
32             a[i] = w[r];//------------------------正解の格納
33             w[r] = "<input type='text' class='pl' id='a"+i+"'>";
34             if(pn != null){w[r] += pn;}//---------ピリオド等処理
35             m += "<tr><th>"+(i+1)+". </th>";//---------問題番号
36             m += "<td>" + w.join(" ") + "</td>";//-------問題文
37             m += "<td id='c" + i + "'></td></tr>";//-----採点欄
38         }
39      m += "</table>";
40     document.getElementById("msg").innerHTML = m;
41     }
42   function check(){
43     let p, m;
44     let sc = 0;
45     for(i=0; i < d.length; i++){
46       p = document.getElementById("a" + i).value;//--------解答
47       if (p == a[i]){
48         m="<font color='#0000FF'>○</font>";//-------------正解
```

```
49          sc++;//得点
50        }
51        else{
52          m = "<font color='#FF0000'>×"+a[i]+"</font>";//不正解
53        }
54    document.getElementById("c" + i).innerHTML = m;
55    }
56    m = sc + "点 /" + d.length + "問";
57    document.getElementById("score").innerHTML = m;
58    }
59  function shuffle(){
60  let r1, r2;
61    for (i = 0; i < d.length; i++){
62      r1 = Math.floor(Math.random()*d.length);
63      r2 = Math.floor(Math.random()*d.length);
64      [d[r1], d[r2]] = [d[r2], d[r1]];//---------分割代入で値交換
65    }
66  }
67  function dataload(){
68    d[0]="A journey of thousand miles begins with a single step.";
69    d[1]="Better late than never.";
70    d[2]="Don't judge a book by its cover.";
71    d[3]="Easy come, easy go.";
72    d[4]="Honesty is the best policy.";
73    d[5]="Learn to walk before you run.";
74    d[6]="Rome wasn't built in a day.";
75    d[7]="Strike while the iron is hot.";
76    d[8]="The early bird catches the worm.";
77    d[9]="The pen is mightier than the sword.";
78    shuffle();
79  }
80    window.onload = dataload;
81  </script></body></html>
82
```

2.3 改造点

データ数を 20 に増やし、5 問だけランダムに出題するように作り変えなさい。

3. 聞き取りテスト

音声を聞きながら英文の穴埋め問題を解くプログラムを作りましょう。

英文は『あしながおじさん』(Jean Webster, *Daddy-Long-Legs*, 1912) の文章をつかいます。著者のジーン・ウェブスタ (1876-1916) は著作権保護期間が満了しており、Project Gutenberg でテキストファイルが公開されています。

3.1 音声合成インターフェイス

音声は合成音声 (TTS : Text To Speech) で再生します。

これには Web Speech API の SpeechSynthesis インターフェイスを使います。API (Application Programming Interface) は OS やブラウザ等に準備されている部品のことです。これを通して様々な機能にアクセスできます。音声合成は実験的な機能で、Internet Explore では非対応です。

Web Speech API の基本的な使い方は以下です。

- ・オブジェクト生成： オブジェクト名= new SpeechSynthesisUtterance();
- ・使用言語のセット： オブジェクト名.lang = "言語名";
- ・再生速度のセット： オブジェクト名.rate = 値; //0.5〜1 の間です
- ・声色をセット： オブジェクト名.voice = 値;
- ・読上内容のセット： オブジェクト名.text = テキストを代入した変数;
- ・再生音声をクリア： window.utterances = [];
- ・音声再生： window.speechSynthesis.speak(オブジェクト名);

スピーチ API では様々な言語を発音します。.lang に指定する言語名は以下です。これらの言語で音声合成が行われない場合は OS にスピーチを追加する必要もあります。

en-US アメリカ英語　　　　　en-GB イギリス英語
de-DE ドイツ語　　　　　　　fr-FR フランス語
ko-Ko 韓国語　　　　　　　　it-IT イタリア語
ja-JP 日本語　　　　　　　　pt-BR ブラジル・ポルトガル語
ru-RU ロシア語　　　　　　　zh-CN 中国語 (大陸)
zh-TW 中国語 (台湾)

以下のプログラムは、(参考文献：牧秀樹, 2019) を参照して作成しました。

3.2　完成イメージ

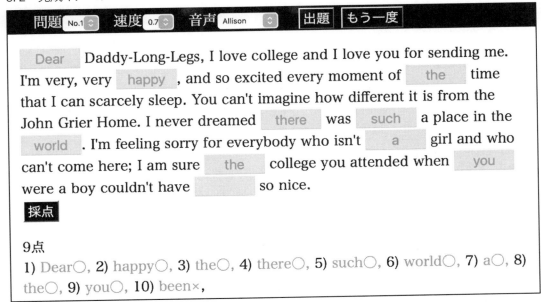

3.3　制作例：dictation.html

```
1    <!DOCTYPE html>
2    <html lang="ja"><head><meta charset="utf-8">
3    <title>ディクテーション</title>
4    <style>
5      body{font-size:14pt; color:#000000; background-color:#FFFFFF;
6          padding:0px; margin:0px;}
7      button{font-size:18pt; color:#FFFFFF;background-color:#000080;}
8      input[type="text"]{color:#0000FF; background-color:#E0E0E0;
9          font-size:18pt; width:4em; text-align:center;}
10     select{font-size:16pt; vertical-align:middle;}
11     #msg{font-size:18pt; color:#000000; margin:1em;}
12     #score{font-size:18pt; margin:1em;}
13     .menu{color:#FFFFFF; background-color:#000080;font-size:18pt;
14         padding-left:2em;}
15   </style></head>
16   <body>
17     <div class="menu">
18     問題<select id='set'>
19     <option value='0' selected>No.1</option>
20     <option value='1'>No.2</option>
21     </select>  
22     速度<select id='spd'>
23     <option value='0.5'>0.5</option>
24     <option value='0.7' selected>0.7</option>
```

```
25      <option value='0.8'>0.8</option>
26      <option value='1'>1.0</option>
27      </select>  
28      音声<select id='voice' onChange="change_voices()">
29      </select>   
30      <button onclick="main()">出題</button>
31      <button onclick="speakout()">もう一度</button>
32      </div>
33      <div id="msg">ここに問題</div>
34      <div id="score">ここに得点</div>
35  <script>
36      let d = [];//データ配列
37      let c = [];//解答用配列
38      let v;//ヴォイスオブジェクト
39      let vn; //選択ヴォイス番号
40  //TTS !は～がないの意味
41      if (!'SpeechSynthesisUtterance' in window){
42          error("音声合成が使えません");//エラー処理
43      }
44      let tts = new SpeechSynthesisUtterance();
45  //ヴォイス
46      let u = window.navigator.userAgent.toLowerCase();//ブラウザ種類
47      if (u.match("chrome")){
48          //Google Chromeだけ特殊処理
49          speechSynthesis.onvoiceschanged = e => {append_voices();}
50      }else{append_voices();}//ヴォイス追加
51      vn = document.getElementById("voice").value;
52  //ヴォイスセレクトボックス作成
53  function append_voices(){
54      let i, o;
55      v = speechSynthesis.getVoices();
56      i = 0;
57      v.forEach(v =>{
58          if (v.lang.match('en-US')){
59          o = document.createElement("option");
60          o.value = i;
61          o.text = v.name;
62          voice.appendChild(o);//セレクトボックスに選択肢追加
63          if (v.default==true){o.setAttribute('selected', v.default);}
64          }
65      i++;});
66  }
67  //ヴォイス変更
```

```
68  function change_voices(){ vn = voice.value; return; }
69  //出題
70  function main(){
71    let i, m, s, w, rr, pn;
72    document.getElementById("score").innerHTML = "";//採点クリア
73    s = parseInt(document.getElementById("set").value); //問題番号
74    w = d[s].split(" "); //単語分割
75    let j = 0;
76    let r=[]; //------------------------------カッコ抜き位置配列
77    while(j < 10){
78      rr = Math.floor(Math.random()*w.length);//------乱数候補
79      if (r.indexOf(rr) == -1 && w[rr].length <= 8){
80        r[j]=rr;
81        j++;
82      }//---問題にする重複しない8文字以下の10個の単語の位置をつくる
83    }
84    r.sort((a,b) => (a-b));//カッコ抜き位置、昇順ソート
85    for (i = 0; i<10; i++){
86      rr = r[i];//------------------------------カッコ抜き位置
87      pn = w[rr].match(/[.,;:?!]/);//---------------ピリオド等処理
88      w[rr] = w[rr].replace(/[.,;:?!]/, "");//------ピリオド等処理
89      c[i] = w[rr];//-----------------------------正解の格納
90      w[rr] = "<input type='text' id='a"+i+"'>";//--問題
91      if(pn != null){w[rr] += pn;}//-----------------ピリオド等処理
92    }
93    m = w.join(" ");//----------------------------問題文再合成
94    m += "<div><button onclick='check()'>採点</button></div>";
95    document.getElementById("msg").innerHTML = m; //-問題文表示
96    speakout(); //-------------------------------音声再生
97  }
98  //音声合成
99  function speakout(){
100    let s;
101    s = parseInt(document.getElementById("set").value);//問題セット
102    tts.lang="en-US";//----------------------------言語をセット
103    tts.rate = parseFloat(document.getElementById("spd").value);
104    tts.voice = v[vn];//--------------------------ヴォイス選択
105    tts.text = d[s];//----------------------------問題文をセット
106      window.utterances = [];//------------------音声合成クリア
107      window.speechSynthesis.speak(tts);//-------音声合成
108  }
109  //採点
110  function check(){
```

```
111    let ans, m;
112    let note =""; //---------------------------------採点表
113    let sc = 0; //-----------------------------------スコア
114    for(i=0; i < c.length; i++){
115      an = document.getElementById("a"+i).value;//---解答
116      ans = an.toLowerCase(); //----------------------小文字変換
117      ca = c[i].toLowerCase(); //---------------------正解小文字変換
118      if (ans == ca){
119        sc++; //--------------------------------------正解処理
120        note += (i+1)+") <font color='#0000FF'>";
121        note += an +"○, </font>";
122       }else{
123        note += (i+1)+") <font color='#FF0000'>"; //--不正解処理
124        note += c[i] + "×</font>, ";
125      }
126    }
127    m = sc +"点" + "<div>" + note + "</div>"; //--------メッセージ作成
128    document.getElementById("score").innerHTML = m; //--採点表示
129  }
130  //エラー
131  function error(a){
132    let m = "<font color='#FF0000'>" + a + "</font>";
133    document.getElementById("msg").innerHTML = m;
134  }
135  //データ
136  function dataload(){
137  //テキストはダッシュやカッコなどを省き、問題にしやすいように変更してあります。
138   d[0] = "Dear Daddy-Long-Legs, I love college and I love you for
139  sending me. I'm very, very happy, and so excited every moment of
      the time that I can scarcely sleep. You can't imagine how different
      it is from the John Grier Home. I never dreamed there was such a
      place in the world. I'm feeling sorry for everybody who isn't a
      girl and who can't come here; I am sure the college you attended
      when you were a boy couldn't have been so nice.";
140   d[1] = "Is it snowing where you are? All the world that I see from
      my tower is draped in white and the flakes are coming down as big
      as pop-corns. It's late afternoon, the sun is just setting behind
      some colder violet hills, and I am up in my window seat using the
      last light to write to you."; //以降に問題は追加もできます。
141  }
142    window.onload = dataload; //データ読み込み開始
143  </script></body></html>
```

自然のなかの数理

4. 種の配置

　1979 年、ドイツの物理学者ヘルムート・フォーゲル（Helmut Vogel）はヒマワリの種の数学的モデルを考え、n 番目の種は黄金角（およそ 137.5°）の n 倍の角度にあり、中心からの距離は n の平方根に比例するとしました。このモデルにしたがってヒマワリの種の配置をグラフィックスで再現してみましょう（参考文献：スチュアート，2012，p.59）。

黄金比　：$\phi = (1+\sqrt{5}) \div 2$

黄金角　：$\alpha = 360 \div (1+\phi)$

種の座標：$x = s \times \sqrt{n} \times \cos(\alpha \times \pi \div 180 \times n)$ … s は描画用に拡大する倍率。

種の座標：$y = s \times \sqrt{n} \times \sin(\alpha \times \pi \div 180 \times n)$

4.1　完成のイメージ

4.2　制作例：sunflowerHead.html

```
1   <!DOCTYPE html>
2   <html lang="ja"><head><meta charset="utf-8">
3   <title>ひまわりの種の配置</title>
4   <style>
5     body{background-color:#FFFFFF; color:#000000; padding:1em;}
6     h1{color:#000000; font-size:20pt;margin-left:1em;}
7     button{font-size:20pt; background-color:blue; color:white;}
8     #cv{background-color:#000000;}
9   </style></head>
10  <body>
11  <h1>ひまわりの種の配置</h1>
12  <canvas id="cv" width="400" height="400"></canvas>
13  <div>
14  <button onclick="main()">Draw</button>
```

```
15   <button onclick="stop()">Stop</button>
16   </div>
17   <script>
18       const cv = document.getElementById("cv");//キャンバス
19       const ct = cv.getContext("2d");//コンテクスト
20       let seeds = 800;//種の数
21       let n = 0;//～番目の種
22       function main(){
23           ct.clearRect(0, 0, cv.width, cv.height);
24           timer = setInterval(counter,20);
25           n = 0;//再描画用
26       }
27       function stop(){
28           ct.clearRect(0, 0, cv.width, cv.height);
29           clearInterval(timer);
30           n = 0;//再描画用
31       }
32       function counter(){
33           n++;
34           if(n < seeds){sunflowerHead();}else{clearInterval(timer);}
35       }
36       function sunflowerHead(){
37           s = 5;//倍率
38           ct.fillStyle = "#FFFF00";//色指定
39           alpha = 360/(1+((1+Math.sqrt(5))/2))*(Math.PI/180);//黄金角
40           x = s * Math.sqrt(n) * Math.cos( alpha * n) + (cv.width/2);
41           y = s * Math.sqrt(n) * Math.sin( alpha * n) + (cv.height/2);
42           ct.fillRect(x, y, 4, 4);//種の位置に 4×4 の正方形を描画
43       }
44   </script></body></html>
```

5. 群れの動き（Boid）

アニメーションを使い、鳥などの群れの動きをシミュレーションしてみましょう。Boid（Bird-like droids）と呼ばれるプログラムです。

1986 年、カリフォルニアのエンジニア、クレイグ・レイノルズが鳥の群れの動きを 3 つの法則でシミュレートしました。翌年、サンタフェ研究所で複雑性を研究していたクリス・ラングトンがレイノルズのツールに注目して学会に招き、創発的行動（個々の相互作用で生じる全体の自己組織化運動）の例としています。レイノルズのつくった Boid は『バットマン・リターンズ』（1992 年公開）にでてくるコウモリの動きなどにも使われているそうです（参考文献：フィリップ・ボール, 2016, p.202）。

個体の行動は 3 つのベクトルの合成で表現されます。

1) 集合（cohesion）：全体が群れの平均座標（重心）に向かう。
2) 分離（separation）：一定の範囲の仲間との衝突をさける。
3) 同調（alignment）：群れの平均ベクトルにあわせる。

Boid はクラスを使って、以下のように表現します。

boid x 座標：	オブジェクト名.x
boid y 座標：	オブジェクト名.y
boid x 移動量：	オブジェクト名.sx
boid y 移動量：	オブジェクト名.sy
boid 色彩：	オブジェクト名.color
boid 集合ベクトル：	オブジェクト名.vc.x /y
boid 分離ベクトル：	オブジェクト名.vs.x /y
boid 同調ベクトル：	オブジェクト名.va.x /y

5.1 完成イメージ

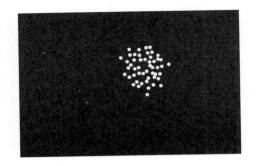

5.2 制作例 boid.html

```
1    <!DOCTYPE html>
2    <html lang="ja">
3    <head><meta charset="UTF-8"><title>Boid</title>
4    <style>
5      body{background-color:#FFFFFF; padding:1em; font:20pt;}
6      button{font-size:20pt;background-color:#0000FF;color:#FFFFFF;}
7      input[type="text"]{font-size:20pt; color:#FF0000;}
8      #cv{background-color:#000000;}
9    </style></head>
10   <body>
11   <canvas id="cv" width="600" height="400"></canvas>
12   <div>
13     集中<input type="text" id="co" value="0.07" size="4">
14     分離<input type="text" id="sp" value="0.80" size="4">
15     同調<input type="text" id="al" value="0.80" size="4">
16     <button onclick="startBoid()">▶</button>
17     <button onclick="stopBoid()">■</button>
18   </div>
19   <script>
20   const cv = document.getElementById("cv");//キャンバス
21   const ct = cv.getContext("2d");//コンテクスト
22   const boids = [];//インスタンス用配列
23   const r = 5;//boid 半径
24   const n = 50;//boid 数
25   let sw =0;//インターバル再代入防止
26   let timer, cent, c, s, p, voc, vos, voa;
27   let obj={};
28   function startBoid(){
29     c = parseFloat(document.getElementById("co").value);
30     s = parseFloat(document.getElementById("sp").value);
31     a = parseFloat(document.getElementById("al").value);
32     if(sw==0){timer = setInterval(movie,20);sw=1;}
33   }
34   function stopBoid(){clearInterval(timer);sw=0;}
35   //----------------------------------------------------クラス定義
36   class Boid {
37   constructor() {
38     this.x = Math.floor(Math.random()*cv.width);//x 座標
39     this.y = Math.floor(Math.random()*cv.height);//y 座標
40     this.sx = 2;//運動ベクトル
41     this.sy = 2;//運動ベクトル
42     this.color = "#FFFFFF";//色
```

```
43      this.vc = { x: 0, y: 0 };//集合ベクトル
44      this.vs = { x: 0, y: 0 };//分離ベクトル
45      this.va = { x: 0, y: 0 };//同調ベクトル
46      }
47   draw(){
48      ct.fillStyle=this.color;
49      ct.beginPath();
50      ct.arc(this.x, this.y, r, 0, 2*Math.PI);//円を描く
51      ct.fill();
52      this.nextPos();
53      }
54   nextPos(){
55      this.co();//集合ベクトル計算
56      this.sp();//分離ベクトル計算
57      this.al();//同調ベクトル計算
58      this.sx=this.vc.x+this.vs.x+this.va.x;//ベクトル合成 x
59      this.sy=this.vc.y+this.vs.y+this.va.y;//ベクトル合成 y
60      voc = Math.sqrt(this.vc.x **2 + this.vc.y **2);//集合力
61      vos = Math.sqrt(this.vs.x **2 + this.vs.y **2);//分離力
62      voa = Math.sqrt(this.va.x **2 + this.va.y **2);//同調力
63      if (voc > vos && voc >voa){this.color ="red";}//集合優位
64      if (vos > voc && vos >voa){this.color ="blue";}//分離優位
65      if (voa > voc && voa >vos){this.color ="yellow";}//同調優位
66      this.x += this.sx;//移動 x
67      this.y += this.sy;//移動 y
68      if(this.x < r && this.sx < 0){this.sx*=-1;} //壁処理
69      if(this.x > cv.width-r && this.sx > 0){this.sx*=-1;} //壁処理
70      if(this.y < r && this.sy < 0){this.sy*=-1;} //壁処理
71      if(this.y > cv.height-r && this.sy > 0){this.sy*=-1;} //壁処理
72   }
73   //集合ベクトル
74   co() {
75      cent={x:0, y:0};//平均座標
76      boids.forEach(b => {cent.x += b.x; cent.y += b.y;});//平均座標
77      this.vc.x = (cent.x/boids.length - this.x) * c;
78      this.vc.y = (cent.y/boids.length - this.y) * c;
79   }
80   //分離ベクトル
81   sp() {
82      obj = boids.filter(b => dist(this.x, this.y, b.x, b.y) <r*2);
83      obj.forEach(
84        b => {this.vs.x -= b.x - this.x; this.vs.y -= b.y - this.y;}
85      );//分離ベクトル
```

```
 86        this.vs.x *= s;
 87        this.vs.y *= s;
 88            //距離測定
 89            function dist(x0 ,y0, x1, y1) {
 90                return Math.sqrt((x1 - x0)**2 + (y1-y0)**2);
 91            }
 92    }
 93    //同調ベクトル
 94    al() {
 95        var av = {x:0, y:0};//平均ベクトル
 96        boids.forEach(b => {av.x += b.sx; av.y += b.sy;});
 97        av.x = av.x/ boids.length;
 98        av.y = av.y/ boids.length;
 99        this.va.x = (av.x - this.sx) * a;
100        this.va.y = (av.y - this.sy) * a;
101    }
102    }//---------------------------------------------クラス定義終わり
103    //描画
104    function movie() {
105        ct.clearRect(0, 0, cv.width, cv.height);
106        boids.forEach(b => b.draw());
107    }
108    function setup(){
109        for (i=0; i<n; i++) {boids.push(new Boid());}//インスタンス作成
110    }
111        window.onload = setup();
112    </script></body></html>
```

問題解決

6. ナップサック問題

　ナップサック問題は制限以下で最大の価値をもつ組み合わせを求める問題です。品物が n 個あり、各々<u>重量（w）と価値（v）</u>を持っています。この中からナップサックの重量制限（W）以下という条件をみたしつつ最大価値をもつ組み合わせを探索します。何個を組み合わせることになるかはわかりません。同じ品物を二つ以上選ぶことはしません（参考文献：大槻兼資, 2020）。

6.1　動的計画法

　ナップサック問題を解く方法に動的計画法（DP: Dynamic Programming）があります。これには以下の要素があります。

1) 二次元配列のメモをつかいます。
2) 問題を小さく分割して部分ごとの場合で最大値を求めます。
3) 部分ごとの〝チャンピオン〟（＝最大値）を残し、すべての品物と制限までくり返します。二次元配列の最後にでた数が解答になります。

メモ配列の構成（各マスには価値の最大値が入ります）

	制限=0	制限=1	制限=2	制限=3	……	制限=W
0個目までの最大値	0	0	0	0		0
1個目までの最大値	0					
2個目までの最大値	0	a'		b		
3個目までの最大値	0			c : a'+vi or b		
…						
n個目までの最大値	0					ここに解答

制限（j）

品物（i）

　説明：〝a'の価値に i 番目の品物の価値を加えた値〟と〝b の値〟を比べ、大きい値（チャンピオン）を c に入れる。これを繰り返して最後に得た値が解答となる。

```
memo[i][j-w[i]].maxValue + v[i];     //i 番目の品物を選んだ場合
memo[i][j].maxValue;                 //i 番目の品物を選ばない場合
```

6.2 完成イメージ

	制限=0の場合	制限=1の場合	制限=2の場合	制限=3の場合
価値 90,100,120,200				
重量 1,1,2,2				
重量制限 3　ナップサック問題解決				
動的計画法メモ				
0個目までの最大和	0	0	0	0
1個目までの最大和	0	90 90	90 90	90 90
2個目までの最大和	0	100 100	190 90 100	190 90 100
3個目までの最大和	0	100 100	190 90 100	220 100 120
4個目までの最大和	0	100 100	200 200	300 100 200

最大価値: 300

・価値のテキストボックスには品物ごとに半角数字で価値を設定し、半角カンマで区切ります。

・重量のテキストボックスには価値に対応する重量を設定し、半角カンマで区切ります。

　例では 品物1{価値:90, 重量:1}, 品物2{価値:100, 重量:1}, 品物3{価値:120, 重量:2}, 品物4{価値:200, 重量2}となります。

　どのようにナップサック問題を解いたかを残すためにメモ配列にオブジェクトを使います。

```
memo[i][j] = {maxValue: 0 , member : "" };      初期化
memo[i][j].maxValue;           i番目の品物・制限がjのときの価値の最大値
memo[i][j].member;             メンバー（価値）選択情報をもつプロパティ
```

6.3 制作例：knapsack.html

```
1   <!DOCTYPE html>
2   <html lang="ja"><head><meta charset="utf-8">
3   <title>ナップサック問題</title>
4   <style>
5     body{font-size:14pt; background-color:#FFFFFF; color:#000000;
6       padding:1em;}
7     h1{font-size:20pt;}
8     button{font-size:20pt; background-color:#0000FF;
9       color:#FFFFFF;}
10    table{border-collapse:collapse;}
11    input[type="text"]{font-size:16pt; color:#0000FF; width:4em;
```

```
12        text-align:center;}
13     th{border:solid #000000 2px; padding-left:1em;
14        padding-right:1em;}
15     .txt{font-size:16pt;height:1.5em;}
16     #result{color:red; font-size:20pt;}
17   </style></head>
18   <body>
19   <table>
20     <tr><td>価値</td>
21     <td>
22     <textarea id="v" cols='30' rows="1" class="txt">90,100,120,200
23     </textarea>
24     </td></tr>
25     <tr><td>重量</td>
26     <td>
27     <textarea id="w" cols='30' rows="1" class="txt">1,1,2,2
28     </textarea>
29     </td></tr>
30     <tr><td>重量制限</td>
31     <td>
32     <input type="text" id="lmt" size="10" value="3" class="txt">
33     <button onclick="solution()">ナップサック問題解決</button>
34     </td></tr>
35   </table>
36   <div id="process"></div>
37   <div id="result"></div>
38   <script>
39   function solution(){
40     //入力データ処理
41     vv = document.getElementById("v").value;//価値
42     v = vv.split(",");
43     for(i=0;i<v.length;i++){v[i]=parseFloat(v[i]);}//型変換
44     ww = document.getElementById("w").value;//重量
45     w = ww.split(",");
46     for(i=0; i< w.length; i++){ w[i] = parseFloat(w[i]);}//型変換
47     limit = parseInt(document.getElementById("lmt").value);//制限
48     n = v.length;//品目数
49     //ナップサック問題解決
50     let mx = knapSack(v, w, limit, n);
51     //表と結果の表示
52     let mes = "<div>動的計画法メモ</div>"
53     mes += "<table><tr><th></th>";
54     for(i = 0; i <=limit ; i++){ mes +="<th>制限="+i+"の場合</th>"; }
```

```
55        mes += "</tr>";
56      for(i = 0; i < mx.length; i++){
57        mes += "<tr><th>"+ i + "個目までの最大和</th>";
58        for(j = 0; j < mx[i].length; j++){
59        mes += "<th><font color='blue'>"+mx[i][j].maxValue+"</font>";
60        mes += "<br><font color='#808080'>"+mx[i][j].member;
61        mes += "</font></th>";
62        }
63      mes += "</tr>";
64      }
65      mes += "</table>";
66      document.getElementById("process").innerHTML = mes;
67      mes = "最大価値: " + mx[i-1][j-1].maxValue;
68      document.getElementById("result").innerHTML = mes;
69    }
70    //ナップサック問題
71    function knapSack(v, w, limit, n){
72      let a, b;
73      // メモ配列初期化
74      memo = [];
75      for(i = 0; i <= n; i++){
76        memo[i]=[];
77        for(j = 0 ; j<= limit ; j++){
78          memo[i][j] = {maxValue:0, member:""};//メモ配列オブジェクト
79        }
80      }
81      // 動的計画法
82      for (i=0; i < n; i++) {
83        for (j=0; j<= limit; j++) {
84        if (j >= w[i]) {
85          a = memo[i][j-w[i]].maxValue + v[i];//i番目の品物を選んだ場合
86          b = memo[i][j].maxValue;//i番目の品物を選ばない場合
87          if (a >= b){
88          memo[i+1][j].maxValue = a; //品物iを選んだ方が価値が高い場合
89            //メンバーの更新
90          memo[i+1][j].member += memo[i][j-w[i]].member + v[i]+" ";
91          }
92          else{
93            memo[i+1][j].maxValue = b; //品物iを選ばない方が価値が高い
94            memo[i+1][j].member += memo[i][j].member; //メンバー処理
95          }
96        }
97        else {
```

```
98              memo[i+1][j].maxValue = memo[i][j].maxValue; //制限以下
99              memo[i+1][j].member += memo[i][j].member;
100            }
101        }
102     }
103  return memo;
104  }
105  </script></body></html>
```

情報科学基礎：論理と計算

1. 論理学の基礎

1. 論理的に等しいことを「≡」であらわし、等しくないことを「≢」で表す。
2. 否定≢反対。中間がある場合（排中律不成立）が多いです。例：勝ちではない≢負け

肯定	（肯定でもその反対でもない）	反対
	← 否定（情報が少ない→限定範囲が広い） →	

3. 「かつ」（∩：論理積）、「または」（∪：論理和）と否定（¬）の関係は次のようになる。

   ド・モルガンの定理：¬（A∩B）≡¬A∪¬B   ¬（A∪B）≡¬A∩¬B

4. 空集合（O）および全集合（U）との関係はつぎのようになる。かっこ内は情報処理などで使われる表記です。

$$A∩O≡O \quad (A・0 = 0) \qquad A∪O≡A \quad (A+0 = A)$$
$$A∩U≡A \quad (A・1=A) \qquad A∪U≡U \quad (A+1 = 1)$$
$$A∩¬A≡O \quad (A・¬A = 0) \qquad A∪¬A≡U \quad (A+¬A = 1)$$

5. 「すべて x だ」（全称文）を $∀x$ と表し、「x がある」（存在文）を $∃x$ と表す。
6. 「全称の否定」は「否定の存在」である。$¬∀x ≡ ∃¬x$

   例：メンバーがすべて女性というわけではない。≡ 女性でないメンバーがいる。
7. 「存在の否定」は「否定の全称」である。$¬∃x ≡ ∀¬x$

   例：メンバーに日本人はいない。≡メンバーはすべて日本人ではない。
8. 二重否定は基本的に肯定と同じである。 $¬¬A≡A$

練習：意味を変えずに言い換えなさい。

a. トマトが好きではない。（反対あるいは中間と考えます）

b. 〝アツコでなく、かつ、ユウコでない〟ならハルナである。（ド・モルガンの定理）

c. 〝飲まず、かつ、食わず〟ではない。（ド・モルガンの定理と二重否定）

d. 鳥がすべて飛ぶわけではない。（全称の否定＝否定の存在）

e. このグループに20歳未満の女性はいない。（存在の否定＝否定の全称）

f. お父さんとお母さんが二人とも勉強しろといわない時は心配だから勉強するけど、二人とも勉強しろというと反発して勉強しない。お父さんだけが勉強しろと言うなら勉強するけど、お母さんだけが勉強しろというなら勉強しない。（論理の簡略化）

9. 「PならばQだ」を条件文(condition)といい、P→Qと表す。

10. P→QのPを前件、Qを後件と言い、P→Qは¬Pについて言及していない。

11. 必要条件は〝不足だけれど必要〟、十分条件は〝お釣りのくる十分〟を指す。

12. (P→Q)∩(Q→P)のとき、必要十分条件という。日本語では必要十分条件を言う場合は「Pであり、かつその場合にかぎりQ」（双条件文）を使う。

13. P→Qを順とすると、Q→Pを逆(converse)、¬P→¬Qを裏(inverse)といい、¬Q→¬Pを対偶(contraposition)という。順≡対偶、逆≡裏であるが、順≢逆、順≢裏である。

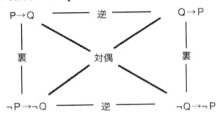

14. 条件文をつなげて、前提ではっきり示されなかった結論を示すことを条件推論という。この場合の推論(deduction)は推測(guess)ではない。

15. 条件推論の型：必要十分でない条件で推論を行う時、逆や裏を使うと前提が正しくても、推論全体が誤りになる。

A→B C：A   ∴ C→B   正しい推論：前件肯定

　A市民ならB県民だ。CはA市民だ。故にCはB県民だ。

A→B C：¬B ∴C→¬A   正しい推論：後件否定

　A市民ならB県民だ。CはB県民ではない。故にCはA市民ではない。

A→B C：¬A ∴ C→¬B   前件否定の誤り

　A市民ならB県民だ。CはA市民ではない。故にCはB県民ではない。

A→B C→B ∴ C→A   後件肯定の誤り

　A市民ならB県民だ。CはB県民である。故にCはB市民である。

練習：推論の型を指摘し、誤りを含むか判定しなさい。

g. 田中と結婚すれば幸せだ。鈴木は田中と結婚しない。だから、鈴木は幸せではない。

h. よい恋人ならプレゼントをくれる。田中はプレゼントをくれる。だから、田中はよい恋人だ。

i. 家族を愛しているなら家族に不自由な生活をさせない。わたしは家族に不自由な生活をさせていない。だから、わたしが家族を愛していることは明らかである。

j. うちの犬は客が来た時か、お腹がすいた時ならば吠える。現在、うちの犬は吠えていない。だから、客も来ていないし、かつ（うちの犬は）お腹もすいていない。

2. 計算の論理

コンピュータの基礎の2進法は 0 (False) と 1 (True) 等の2種の記号で桁が進みます。これをスイッチのオン(1)、オフ(0) と考えることもできます。論理を 0,1 の二値で表すと以下になります。

入力		否定		論理積	論理和	ド・モルガンの定理			
A	B	¬A	¬B	A・B	A+B	¬(A・B)	¬A+¬B	¬(A+B)	¬A・¬B
0	0	1	1	0	0	1	1	1	1
1	0	0	1	0	1	1	1	0	0
0	1	1	0	0	1	1	1	0	0
1	1	0	0	1	1	0	0	0	0

このように論理関係を整理した表を「真理値表」といいます。

排他的論理和 (Exclusive OR) は入力が異なる時だけ出力が1になる論理です。

入力		排他的論理和
A	B	A⊕B
0	0	0
1	0	1
0	1	1
1	1	0

排他的論理和は以下のように示すことができます。

A⊕B = (A・¬B) + (¬A・B)

A⊕B = ¬(A・B)・(A+B)

ところで、2進法の加算は以下のようになります。

0 + 0 = 0 ／ 1 + 0 = 1 ／ 0 + 1 = 1 ／ 1 + 1 = 10 ／ 1 + 1 + 1 = 11

1+1=10 までを行う加算回路を半加算器 (Half Adder) といい、1+1+1=11 までを行う加算回路を全加算器 (Full Adder) といいます。

半加算の論理は以下になります。つまり、Co = A・B　S= A⊕B となります。

入力		半加算器の出力	
A	B	桁上り Co	加算 S
0	0	0	0
1	0	0	1
0	1	0	1
1	1	1	0

全加算器の真理値表は以下です。

入力			全加算器の出力	
A	B	C	桁上り Co	加算 S
0	0	0	0	0
1	0	0	0	1
0	1	0	0	1
0	0	1	0	1
1	1	0	1	0
1	0	1	1	0
0	1	1	1	0
1	1	1	1	1

論理を整理すると以下になります。

$S = (A \cdot \neg B \cdot \neg C) + (\neg A \cdot B \cdot \neg C) + (\neg A \cdot \neg B \cdot C) + (A \cdot B \cdot C)$ …… S=1 の部分

$\quad = \neg C \cdot \{(A \cdot \neg B)+(\neg A \cdot B)\} + C \cdot \{(\neg A \cdot \neg B)+(A \cdot B)\}$ ……………… 分配則

$\quad = \neg C \cdot \{A \oplus B\} + C \cdot \{\neg(A+B)+\neg\neg(A \cdot B)\}$ ……… 後半はド・モルガンの定理と二重否定

$\quad = \neg C \cdot \{A \oplus B\} + C \cdot \neg\{(A+B) \cdot \neg(A \cdot B)\}$ ……… ド・モルガンの定理

$\quad = \neg C \cdot \{A \oplus B\} + C \cdot \neg\{A \oplus B\}$ ……X=$\{A \oplus B\}$とおく

$\quad = \neg C \cdot X + C \cdot \neg X$

$\quad = X \oplus C$

$\quad = A \oplus B \oplus C$ ……X $= \{A \oplus B\}$より。つまり３つの入力の排他的論理和となる。

$Co = (A \cdot B \cdot \neg C) + (A \cdot \neg B \cdot C) + (\neg A \cdot B \cdot C) + (A \cdot B \cdot C)$ …… S=1 の部分

$\quad = A \cdot \{(B \cdot \neg C)+(\neg B \cdot C)\} + (B \cdot C) \cdot (\neg A+A)$

$\quad = A \cdot \{B \oplus C\} + (B \cdot C) \cdot 1$

$\quad = A \cdot \{B \oplus C\} + (B \cdot C)$

　加算器の論理は電流のオン・オフを行う半導体で電子回路として表現することができます。全加算器をつなげていけば何桁の加算でも行うことができます。加算（＋）ができれば、減算（－）・乗算（×）・除算（÷）も行うことができます。

　減算を加算にするには補数という考え方を使います。乗算は加算の繰り返しですが、シフト（桁ずらし）を使うと効率的です。除算は四則計算の中では一番難しく、打ち切りが必要になる計算ですが、基本的に減算に変換できます。平方根や三角関数なども四則演算で行える計算法（ニュートン・ラフソン法やテイラー展開など）がありますので、すべての計算は加算回路で行うことができます。

3. ニュートン・ラフソン法

　ニュートン・ラフソン法（Newton-Raphson method）は関数 $f(x)$ と x 軸との交点を求める方法です。接線を使う連続計算で精密な値が得られます。これを使って平方根を求めてみましょう。

　この方法ではまず、x 軸との交点を求める関数を立てます。ここでは $f(x)=x^2-a$ とします。この関数の x 軸との交点は、$\pm\sqrt{a}$ です（$x^2-a=0$ を解いてみましょう）。

　次に求めたい値（ここでは $+\sqrt{a}$）より大きな任意の値を x_0 とします。x_0 における $f(x)$ の接線の傾きは、$f(x)$ の微分の導関数 $f'(x)=2x$ に x_0 を代入して $2x_0$ となります（①）。この接線が x 軸と交わる点を x_1 とすると、傾きの定義から $f(x_0)/(x_0-x_1)$、つまり、$(x_0^2-a)/(x_0-x_1)$ となります（②）。①と②は等しいので方程式を立て、$(x_0^2-a)/(x_0-x_1)=2x_0$ となります。

　これを変形すると、$x_1=(x_0+a/x_0)/2$ が得られ、次の漸化式が得られます。

$$x_{n+1}=(x_n+a/x_n)/2$$

　この漸化式で連続計算すれば、$\sqrt{a}$ が求められます。

a=2 として、$\sqrt{2}$ を求めてみましょう。n=0 の時の x_0 は a とします。

$x_0=2$

$x_1=\{(2)+2/(2)\}/2=3/2$

$x_2=\{(3/2)+2/(3/2)\}/2=17/12$ …… 1.416666... 以降はプログラミングで確認しましょう。

root.html　ニュートン・ラフソン法で平方根を求める。

```
1   <!DOCTYPE html>
2   <html lang="ja"><head><meta charset="utf-8">
3   <title>ニュートン・ラフソン法による平方根計算</title></head>
4   <body>
5   <p>a:<input type="text" id="a">
6   x0:<input type="text" id="x0">
7   <button onclick="root()">Try!</button></p>
8   <p id="msg"></p>
9   <script>
10  function root(){
11      a = document.getElementById("a").value;
12      xn = parseFloat(document.getElementById("x0").value);
13      mes="0: "+xn+"<br>";
14      for(i=1;i<20;i++){
15          xn = (xn + a / xn) / 2;
16          mes += i + ": " + xn + "<br>";
17      }
18      document.getElementById("msg").innerHTML=mes;
19  }
20  </script></body></html>
```

4. 全探索

　データから目的値を構成する組合せを探りたい場合、簡単な方法は全組合せを試すことです（全探索：full search）。この時に必要になるのが2進法の考え方です。例えば、300, 200, 100 を加算して 500 となる組み合わせを探りたい場合、3つのデータを並び順通りに使用と不使用を1と0で対応させると、001, 010, 011, 100, 101, 110, 111 の7種の組合せができます。この中で110の組み合わせが300と200の組合せです。n個のデータなら 2^n-1 通りで全探索できます（n=27で1億以上）。

　組合せ数が大きすぎる場合には全探索を使えず、進化アルゴリズムなど、近似解をもとめる手法が必要になり、巡回セールスマン問題などに使われます。

fullSearch.html 指定数の乱数を作り、加算の結果が目的値になる組合せを探索

```
1   <!DOCTYPE html>
2   <html><head><meta charset="UTF-8"><title>全探索</title></head>
3   <body>
4   要素数 <input type="text" id="n" value="10" size="4">
5   目的値 <input type="text" id="t" value="100" size="4">
6   <div id="opt">要素</div>
7   <button onclick="makeNumbers()">作成</button>
8   <button onclick="fullSearch()">組合せ</button>
9   <div id="msg">結果</div>
10  <script>
11  n=[]; x=0;
12  function makeNumbers(){
13    x = parseInt(document.getElementById("n").value);
14    for (i=0; i<x; i++){n[i]=parseInt(Math.random()*99)+1;}
15    document.getElementById("opt").innerHTML = n.join(", ");
16  }
17  function fullSearch(){
18    mes=""; tg = parseInt(document.getElementById("t").value);
19    for(i=1; i<2**x; i++){
20    s = "0000000000"+i.toString(2);//2進法変換
21    s = s.slice(-x); t = 0; m = "";
22    for(j=0;j<s.length;j++){
23      if (s.charAt(j) == "1"){t += n[j]; m += n[j]+" + ";}
24    }
25    if (t == tg){m=m.slice(0,-2); mes += m +" = " + tg + "<br>";}
26    }
27  if (mes==""){mes="組合せはありません";}
28  document.getElementById("msg").innerHTML = mes;
29  }
30  </script></body></html>
```

参 考 文 献

David Flanagan（村上列訳）『JavaScript 第 7 版』オライリー・ジャパン，2021 年

相澤裕介『JavaScript ワークブック　第三版』カットシステム，2020 年

石原奈々子『論理的思考力を育てるプログラミングれんしゅうちょう』学研，2019 年

大谷紀子『進化計算アルゴリズム入門』オーム社，2018 年

大槻兼資『問題解決力を鍛える！ アルゴリズムとデータ構造』講談社，2020 年

スチュアート（水谷淳訳）『数学で生命の謎を解く』SB・クリエイティブ，2012 年

デカルト（谷川多佳子訳）『方法序説』岩波文庫，1997 年

フィリップ・ボール（塩原通緒訳）『流れ』早川書房，2016 年

牧秀樹『最小英語テスト（MET）ドリル標準レベル 高校生から社会人』開拓社，2019 年

村上征勝『真贋の科学』朝倉書店，1994 年

ウェブリソース

Ecma International　　　　　https://www.ecma-international.org

E. W. Dijkstra Archive　　　 https://www.cs.utexas.edu/users/EWD/

MDN Web Docs　　　　　　https://developer.mozilla.org

Project Gutenberg　　　　　 https://www.gutenberg.org

青空文庫　　　　　　　　　https://www.aozora.gr.jp

環境省　　　　　　　　　　https://www.env.go.jp

国土交通省・気象庁　　　　https://www.jma.go.jp

著者紹介

齊藤正高（さいとう　まさたか）：愛知大学・岐阜大学非常勤講師。愛知大学中日大辞典編纂所研究員。中国語語彙データベース、最小言語テスト MLT Online の開発に従事。博士（中国研究）。専門は中国 17 世紀の科学思想史。共訳書、劉慈欣（大森望・泊功・齊藤正高訳）『円　劉慈欣短篇集』早川書房（2021 年）。

教養のプログラミング JavaScript の基本
英語学習ツールとグラフィックス

| 2022 年 4 月 1 日　第 1 版　第 1 刷　発行 |
| 2023 年 4 月 1 日　第 2 版　第 1 刷　発行 |
| 2024 年 4 月 1 日　第 2 版　第 2 刷　発行 |

著　者　齊藤正高
発行者　発田和子
発行所　株式会社　学術図書出版社

〒113−0033　東京都文京区本郷 5 丁目 4−6
TEL03−3811−0889　振替 00110−4−28454
印刷　（株）かいせい

定価はカバーに表示してあります.

©2022, 2023　SAITO M.　Printed in Japan
ISBN978-4-7806-1141-0